2023年度安徽省教育科学研究项目 "主题意义引领下高中英语靶向式阅读教学的探索与应用"

（项目编号：JK23171；批准文号：安徽省教育厅皖教秘〔2023〕223 号）

2022年度安徽省教育科学研究项目 "'双新'背景下深度推进普通高中校本课程建设的区域性实践研究"

（项目编号：JKZ22010；批准文号：安徽省教育厅皖教秘〔2022〕315 号）

2023年芜湖市教育高层次人才第二批项目（名师类）"聚焦高中英语核心素养的靶向式阅读教学探索与应用"

（序号：12；批准文号：芜湖市教育局芜教人〔2023〕10 号）

高中英语
靶向阅读教学
校本课程建构与实践

王万元◎著

安徽师范大学出版社
ANHUI NORMAL UNIVERSITY PRESS
·芜湖·

图书在版编目(CIP)数据

高中英语靶向阅读教学校本课程建构与实践 / 王万元著 . -- 芜湖 : 安徽师范大学出版社, 2025. 7. -- ISBN 978-7-5676-7244-4

Ⅰ. G633.412

中国国家版本馆CIP数据核字第20258KR471号

高中英语靶向阅读教学校本课程建构与实践　　　　　　　　　王万元◎著

责任编辑：赵传慧　　　　　　责任校对：晋雅雯
装帧设计：张　玲　汤彬彬　　责任印制：桑国磊
出版发行：安徽师范大学出版社
　　　　　芜湖市北京中路2号安徽师范大学赭山校区
网　　址：https://press.ahnu.edu.cn
发 行 部：0553-3883578　5910327　5910310(传真)
印　　刷：苏州市古得堡数码印刷有限公司
版　　次：2025年7月第1版
印　　次：2025年7月第1次印刷
规　　格：700 mm × 1000 mm　1/16
印　　张：12
字　　数：169千字
书　　号：978-7-5676-7244-4
定　　价：49.00元

凡发现图书有质量问题,请与我社联系(联系电话:0553-5910315)

序　言

随着全球化的不断推进，英语作为国际交流的通用语言，其重要性日益凸显。在高中英语教学中，阅读教学是培养学生语言素养、提升语言运用能力的关键环节。然而，当前高中英语阅读教学存在着低质、低能、低效等问题，亟待探索新的教学模式以改变现状。

出版本书的初衷，正是基于对上述问题的深刻认识和解决需求。团队参研教师秉承诊断性、主体性、对话性和协同性的教育思想，针对高中英语阅读教学的痛点，提出"靶向阅读教学"理念。通过精准诊断学生的阅读问题靶点，参研教师致力于设计并实施个性化的教学方案，以提升学生的阅读技能，帮助学生构建系统的知识体系，并唤醒他们的自我教育意识。

高中英语靶向阅读教学校本课程以"课前诊断阅读靶点""课堂靶向阅读教学""课后查缺补益阅读"为核心环节，形成一套完整的靶向阅读教学应用范式。在此过程中，团队参研教师强调学生的互动参与，鼓励他们在教师的引导下主动发现问题、分析问题并解决问题。同时，团队参研教师注重教学研究与实践的结合，不断反思并优化教学策略，以确保教学效果的最大化。

本课程的建构与实践，有助于学生实现个性化发展，提升他们的英语阅读能力和综合语言素养。同时，有助于加强教育工作者的课程开发意识，推动学校办学特色的形成与发展。

展望未来，团队中的吕晴、张敏、钱阳慧、朱根弟、陈晶晶、李青桐、查小曼、何娟娟、姚晓磊、顾江涛、田麓、贾湲湲、江南、周靖、汤进畅、边瑜、徐焱昀、柴艳丽、徐福翠、黄瑞、黄慧、刘青、周菁、姜紫薇、张静、严晓娜、张丽霞、沈娇娇、程寅、周积福、唐娟、徐琪、章娴、周艳、谷子兰、李佳、王美、唐文等参研教师，将继续深化对高中英语靶向阅读教学的研究与实践，不断探索更加科学、高效的教学模式，为学生的全面发展贡献智慧与力量。

目　录

课程建构篇

概　述

随着核心素养的提出，英语阅读能力越来越受到重视，然而传统的教学方法难以有效提升学生阅读的关键能力，这就要求中小学教师不断地探索新的教学方法来提高学生的英语阅读能力。英语阅读能力的培养体现了终身学习、持续发展的理念，有利于提升学生的英语综合能力。英语阅读能力是学生学好其他科目的基础，在学生语言学习过程中有着不可或缺的地位。

一、前期研究综述

（一）课程背景

英语学科要实现立德树人的根本任务以及培养新时代人才的目标，阅读教学发挥着至关重要的作用。《普通高中英语课程标准（2017年版2020年修订）》（以下简称《课标》）就普通高中学生英语学科核心素养的培养在阅读教学目标上有突出体现，英语阅读能力的提高有助于学生拓宽文化视野，丰富思维方式，开展跨文化交流。

作为主承担学校并领衔芜湖市域8所普通高中学校开展区域实践研究的安徽师范大学附属中学一贯重视课程体系建设，形成多元课程体系。根据学生发展需要，学校打造出了知识拓展类、职业体验类、社会实践类等拓展课程和学科类、竞赛类、活动类、项目类等特色课程。鉴于此，开展聚焦高中英语核心素养的靶向阅读教学改进行动，是落实当前普通高中英语新课程理念和实施要求，将学生发展成为具有全球胜任力的人才，探索阅读教学中学生阅读能力提高、语篇能力发展、语用能力促成和学习能力提升，进而改进阅读课教学并进行校本实践的重要措施。

（二）国内外研究现状述评

Alderson（2005）明确了诊断性测评区别于其他类型测评的特征，并进一步提出了诊断性测评设计的五个原则，在这些原则的基础上开发了一个诊断性测评框架。Lee（2015）在进一步分析诊断性语言测评特点的基础上，认为诊断性语言测评应该包括三个核心部分：诊断、反馈和补救性教学或学习。计算机和互联网的测评技术的出现，使语言学习者做出即时反馈成为可能，也使反馈的影响效果最大化成为可能（Alderson，2005）。

早在20世纪90年代末，杜金榜（1999）采用实验方法，讨论了外语教学中诊断性测试的框架、过程、环节以及技术要求，同时提出语言测试需要结合最新的语言测试理论，并强调要加强电脑化测试模式的研究。

随着认知理论的发展，认知靶向学习在外语教育领域得到了长足的发展和应用。该靶向学习不仅关注学生的知识结构和信息加工能力，同时更加关注学生在认知能力上的优势和不足（Leighton & Gierl，2007），从而可以为外语教育教学提供借鉴。杜文博、马晓梅（2018）在语言测试中使用了认知靶向技术，取得了令人瞩目的成果。

目前，诊断性测评和靶向性学习研究也存在以下一些不足：诊断性测评主要侧重学生的语言能力，而对英语学科核心素养中文化品格、思维品质和学习能力的关注较少；诊断性测评主要侧重学习结果，而对英语学习过程的关注不多；靶向性学习用于医疗技术的理论研究较多，用于一线教育教学实践的研究相对较少。

主题意义引领下英语学科核心素养的培养在阅读教学目标上有突出体

现，阅读教学可以较大程度地体现并推动核心素养各要素的发展。传统阅读教学关注词汇、语法和篇章理解，而王蔷（2015）提出，学生应以语篇为载体，在理解和表达的语言实践活动中，融合知识学习和技能发展，在分析问题和解决问题的过程中发展思维品质，形成文化理解，促进英语学科核心素养的形成和发展。

英语阅读能力的提高有助于学生拓宽文化视野，丰富思维方式，在全球化背景下开展跨文化交流。《普通高中英语课程标准（2017年版2020年修订）》对选择性必修课程的阅读理解技能提出了14条具体要求：区分、分析和概括语篇中的主要观点和事实；识别语篇中的内容要点和相应的支撑论据；识别语篇中的时间顺序、空间顺序、过程顺序；理解多模态语篇中文字信息与非文字信息（图表、画面、声音、符号）在建构意义过程中的作用；根据定义线索理解概念性词语或术语；根据语篇标题预测语篇的体裁和结构；根据语境线索或图表信息推测语篇内容；通过预测和设问理解语篇的意义；根据上下文推断语篇中的隐含意义；借助语气、语调、停顿识别说话者的讽刺、幽默等意图；根据连接词判断和猜测语篇中上下文的语义逻辑关系；批判性地审视语篇涉及的文化现象；识别话语中加强或减弱语气和态度的词语；课外视听活动每周不少于40分钟，课外阅读量平均每周不少于2500词（选择性必修课程阶段不少于10万词）。

Alderson & Huhta（2011）认为成功阅读者使用的策略可以分为以下9种：边阅读边思考意义并预测意义；通过上下文猜测词义；对已读过的内容作标记来解释生词；研究图解并使用其中的信息来帮助理解；阅读题目并从中做出推论；参考注解；辨认同源词；使用常识来解释不熟悉的单词；跳读。

因而，探究、设计和开展聚焦核心素养的高中英语靶向阅读教学，通过"诊断测评—找准靶点—把脉定位—靶向教学—靶向学习—查缺补益"的靶向阅读教学应用范式，发现学生阅读素养表现所涉及的阅读技能、学习策略等方面的强项和弱项，为改进高中英语阅读教学提供依据，提高课堂教学的效率，提升学生英语学习的兴趣，促进学生核心素养的形成和发展。

（三）高中英语阅读课教学存在的问题

当前，高中英语阅读课教学存在的突出问题是教师只注重"教"而忽略学生的"学"，没有打破灌输式传统课堂教学的桎梏，灌输进学生头脑的只是知识，无法激起学生阅读学习的能动性，学生的语言能力、文化意识和思维品质无法得到综合提升，影响阅读课教学效果，最终导致普通高中新课程理念和实施要求无法得到有效贯彻和落实。通过调查分析发现，当前高中英语阅读课教学存在以下问题。

①目标指向随意，脱离核心素养。阅读教学靶点不明，教学目标以语言知识和浅表技能为主，忽视学习能力、文化意识和思维品质的培养。

②技能训练单一，思维水平浅层。对阅读文本的解读止于浅表，仅以简易的理解、判断类阅读技能为主，忽视推理与论证、批判与评价等高阶思维技能的培养。

③活动路径空泛，缺乏范式支持。阅读教学路径随意、空泛，没有立足学情和切中学生弱项来对症施教，缺乏系统的教学范式作为支撑。

实施聚焦核心素养的高中英语靶向阅读教学，旨在精准识别学生阅读能力的强项、弱项，找到弱项根源，探索阅读教学中的阅读技能培养、思维能力培养和语言知识学习等的改进思路与方法，从而促进学生英语学科核心素养的形成和发展，提升阅读教学实效。

二、理论依据

（一）布卢姆认知目标新分类学理论

美国教育心理学家布卢姆于1956年提出了教育目标分类理论，从认知、情感和动作技能等三个领域对教学目标进行分类（安德森等，2009）。其中，认知领域包含知识、领会、运用、分析、综合和评价等维度。知识、领会、运用属于低阶水平的思维，而分析、综合和评价属于高阶水平的思维。

安德森等在布卢姆研究的基础上对认知领域分类框架进行更细致地划分，将其划分为两个维度，即知识维度和认知过程维度。其中，知识维度包括陈述性知识、程序性知识和元认知知识；认知过程维度包括记忆、理解（领会）、应用、分析、评价和创造（安德森等，2009）。上述认知领域的六个方面是思维过程化的表现，理解、应用、分析属于逻辑性思维，通过观察、比较、推断可实现理解的目标，通过建构可达到运用的目标；评价属于批判性思维；创造属于创新性思维。该分类详细地描述了认知过程中的具体思维活动，为本文的思维设计提供评价标准，也让思维品质这个抽象的概念变得具体化、可操作化。

（二）认知发展理论

认知发展理论由心理学家皮亚杰（1981）提出，该理论揭示了儿童认知发展的阶段性特点。皮亚杰将个体从出生至青年时期划分为四个认知发展阶段。感知运动阶段（0~2岁）是人的智力发展的萌芽阶段，在此阶段中，婴儿通过对周围环境的感觉运动来认识世界。在前运算阶段（2~7岁）中，儿童的感知运动图式形成表象和形象图式，促使儿童开始使用表象符号替代外界事物。在具体运算阶段（7~11岁）中，儿童的思维具有守恒性和可逆性，能从具体事物中获得的表象进行逻辑思维。在形式运算阶段（11~15岁）中，儿童的具体运算结构经过顺应和同化形成新的运算结构，达到接近成人思维的形式运算思维，可以脱离具体事物进行逻辑推理。此外，皮亚杰认为儿童心理结构的发展涉及图式、同化、顺应和平衡。图式指动作的结构和组织，是个体对客体信息的整合和归纳，从而达到对信息的理解。同化指个体遇到新事物时，利用已有的图式把新事物纳入已有的认知结构。顺应指当新事物无法适应原有的认知结构时，通过改变原有图式来适应新事物的认知过程，从而达到平衡。

基于皮亚杰的认知发展理论，高中生的认知发展处于形式运算阶段，学生在该时期能进行抽象的逻辑思维，具备一定的批判能力和创新性思维。基于此，在高中阶段的英语教学中培养学生的思维品质具有可行性。教师应注重联系学生已有的知识结构，提供相关背景知识促进学生对新事物的理解，达到认知上的平衡。另外，教师需对所教知识进行整合和归纳，促进学生对新知识的理解。

（三）聚焦思维结构的智力理论

聚焦思维结构的智力理论由心理学家林崇德（2005）提出。该理论指出，思维是智力的核心，人类之间智力的差异在于人的思维结构的差异。思维结构主要包括思维的监控、思维的品质、思维的目的、思维的材料、思维的过程和思维的非智力因素等。

1.思维的监控

思维的监控作为整个思维结构的统帅，其功能主要为定向、控制和调节三个方面，即确定思维的目的、控制非智力因素、选择恰当的思维材料和策略、监督思维过程和评价思维结果。

2.思维的品质

个体在智力活动中表现的个性差异，主要包括敏捷性、灵活性、创造性、批判性和深刻性等方面。

3.思维的目的

智力的定向作用，反映了智力的自觉性、有意性、方向性和能动性。

4.思维的材料

思维的材料分为感性和理性材料，感性材料指感觉、直觉和表象，理性材料指概念。

5.思维的过程

思维的过程包括确定目标—接受信息—加工编码—概括抽象—操作运用—获得成功等。

6.思维的非智力因素

人的思维会受到思维水平和思维品质等认知因素的影响，也会受到非智力因素的影响，如动机、兴趣、情绪、情感、意志、气质和性格等。

　　通过聚焦思维结构的智力理论，为本研究思维品质的培养提供思路。首先，就本研究而言，注重引导学生思维品质的培养，即思维品质的逻辑性、批判性和创新性的培养，与该理论中提出的"思维的品质"这一概念相一致。其次，教师在英语阅读教学前应根据学生情况和阅读材料制定相应的教学规划，在教学过程中监控课堂教学，及时调整教学目标。最后，教师还应关注学生的非智力因素，如学生的兴趣和动机激发，培养阅读兴趣并形成积极的阅读情感体验，进而提升学生的思维品质。（马丽娟，2020）

三、核心概念界定

（一）主题

　　Louwerse & van Peer 认为，主题是指"文本或话语的主要思想"，"通常与某些人类活动相关，直接涉及人类的兴趣和关切，或者往往带有情感色彩。主题的教科书例子有：幻想与现实（《包法利夫人》《哈姆雷特》），婚姻、爱情和家庭生活（《安娜·卡列尼娜》），发现之旅（《尤利西斯》）。除了关于'是什么'的定义外，主题有时被认为仅与文本的主旨有关。一个明显的例子涉及寓言，其中的主题将是文本的寓意"。不难看出，这个解释中，主题有主要思想和主题意义两个意思。而在 Surbhi 看来，主题是"作者想要借助其作品传递给读者的根本观点或思想"，通常蕴藏于表层信息之下。（葛炳芳，2022）

（二）主题意义

　　主题意义就是"蕴藏于语篇中各语句所表达的一个系列意义中的一个主要思想"，"是一个应用于语篇层次上的语义概念。它的形式已脱离语篇内各个具体的句子，而其内容却是每个句子所表达的意思的概括"（雷佳

林，1996）。雷佳林认为，"语篇的主题意义是语篇形成中的黏合剂。这是主题意义的首要作用"。（葛炳芳，2022）

（三）英语学科核心素养

英语学科核心素养是学生在接受相应学段英语课程教育的过程中，逐步形成的适应个人终身发展和社会发展需要的必备品格和关键能力，综合表现为四大素养，即语言能力、文化意识、思维品质和学习能力。英语学科核心素养由三部分组成：其一是正确的价值观；其二是必备品格，包括文化意识和思维品质；其三是关键能力，包括语言能力和学习能力。文化意识是指对中外文化的理解和对优秀文化的认同，是学生在全球化背景下表现出的跨文化认知、态度和行为取向。思维品质是指人的思维个性特征，即思维在逻辑性、批判性、创新性等方面所表现的能力和水平。语言能力是指在社会情境中，以听、说、读、看、写等方式理解和表达意义的能力。学习能力是指学生积极运用和主动调适英语学习策略，拓宽英语学习渠道，努力提升英语学习效率的意识和能力。（教育部，2020）

（四）靶向阅读

"靶向"一词很早就出现在大众视野中，如医学领域中的靶向治疗，强调在细胞分子水平上针对已经明确的致癌位点而展开的治疗。后来延伸到科研领域，即有针对性的、系统化的研究行为和方法。由此可见，靶向更加倾向于找准目标。因此，靶向阅读主要就是一种针对性的阅读方式，对准核心目标实施的课堂学习活动，是发展性阅读课堂教学的基本思路和基本模式。靶向阅读课注重学生基础知识的积累和基本技能的训练，注重培养学生学习能力，建构学习方法，发展核心素养，是对传统阅读课全新的革命性课型。通过靶向阅读，增强学生的基础知识积累，培养他们的阅读技能，让他们在遇到不同的文章类型时知道应该如何进行阅读，理解文章想要传达的中心要点内容，"吃透"文章。（吴丽萍、张月铭，2020）

（五）高中英语阅读教学

高中英语阅读教学是指在高中阶段，以英语语言文本为载体，通过系统的教学设计与实施，培养学生英语阅读理解能力、语言运用能力及跨文化思维品质的教学活动。其核心目标包括以下几个方面。

1.语言能力培养

①掌握词汇、语法、句型等语言知识。

②提升文本解码能力（如主旨理解、细节捕捉、逻辑推理）。

③学习多样化的阅读策略（如预测、略读、精读、批判性阅读）。

2.思维品质发展

①训练分析、归纳、评价等高阶思维。

②培养对文本隐含信息的解读能力。

③促进跨文化视角下的批判性思考。

3.文化意识建构

①理解英语国家的社会文化背景。

②通过文学、科普等文本拓宽国际视野。

③增强对多元文化的敏感性与包容性。

4.学习能力提升

①养成自主阅读习惯。

②掌握终身学习所需的信息处理技能。

③发展个性化阅读兴趣与审美能力。

该教学活动通常结合分级阅读材料（如外刊、小说、学术文章），采用任务型教学、合作学习、项目式学习等模式，注重将语言学习与真实情境应用相结合，以适应新课标对学科核心素养的要求。

（六）高中英语靶向阅读教学

在高中英语阅读教学的基础上，高中英语靶向阅读教学是以诊断性、主体性、对话性和协同性教育思想为统领，以高中英语阅读教学低质、低能、低效等问题为着眼点，以高中生阅读学习的问题靶点为目标，以"课前诊断阅读靶点""课堂靶向阅读教学""课后查缺补益阅读"为核心，以学定教、以评促学，总结提炼破除高中英语阅读教学桎梏的策略和方法，建构教学评一体化的教学模式。

课程目标和内容

一、课程目标

为扎实高效推进阅读教学改进行动，笔者与参研教师共同确立了以下目标来更好地实施聚焦高中英语核心素养的靶向阅读教学实践研究。

1.追求育人理念创新

架起诊测教育、个性化教育和关键能力教育的桥梁，创造性地提出靶向阅读教学育人理念，促使教师从"知识传授者"转变为"课程设计者"，促使学生从"浅度学习者"转变为"深度学习者"。

2.追求范式举措创新

设计靶向阅读教学模式流程图，展示其可复制的应用范式。"课前诊断阅读靶点""课堂靶向阅读教学""课后查缺补益阅读"三位一体独特设计的示范应用，为"变式"留出了创造的时间和空间。

3.追求评价体系创新

建立保障靶向阅读教学行稳致远的教学评一体化评价体系。对学生进行课前诊测评价、课堂输入评价、课后输出评价，有助于教师把握学生学习轨迹；对教师进行读前导入评价、读中施教评价、读后导出评价，有助于把握教师教学轨迹。

二、课程内容

（一）主要观点

该课程以诊断性、主体性、对话性和协同性教育思想为统领，以高中生阅读学习的问题靶点为切入口，坚守"靶向阅读教学铸能"核心教学体系，形成了"课前诊断阅读靶点""课堂靶向阅读教学""课后查缺补益阅读"三翼齐飞的新教学格局，打造了"实践赋能"五轮驱动靶向阅读教学平台，以学定教、以评促学，建构了教学评一体化的高中英语靶向阅读教学模式。

其基本程序是：从高中生英语阅读现状出发开展诊测并反馈问题靶点，以问题靶点为切入口设计开展靶向教学，学生在互动参与教学中规范学习行为、构建系统知识、培养阅读技能、唤醒自我教育意识，全面落实高中英语学科核心素养的"四项发展目标"，形成"诊断测评—找准靶点—把脉定位—靶向教学—靶向学习—查缺补益"的靶向阅读教学应用范式，彰显高中英语阅读课教学特色。

其重要价值是：丰富发展诊断性语言测评理论，创新教学方式、学习方式和教学评价方式，创设自主、交互、协同的"靶向学习"发生的情境，提供高质、高能、高效的"靶向教学"发生的范式，实现有效教学，构建高效课堂。

（二）实践模型

1.实践模式

一核：高中英语靶向阅读教学

培养学生的关键能力：
提高阅读能力、发展语用能力、优化语言能力、提升学习能力；

三翼：课前诊断阅读靶点、课堂靶向阅读教学、课后查缺补益阅读

前翼 课前诊断阅读靶点 **五驱**
- 靶向阅读教学资源的选择
- 靶向阅读教学重难点的设定
- 靶向阅读教学目标的确立
- 测评数据（学生、教材）分析
- 诊断性阅读检测

中翼：实践赋能 课堂靶向阅读教学 **五驱**
- 靶向阅读教学评价方案的设计
- 靶向阅读教学课堂作业方案的设计
- 靶向阅读教学训练与拓展方案的设计
- 靶向阅读教学师生互动方案的设计
- 靶向阅读教学新导入方案的设计

后翼 课后查缺补益阅读 **五驱**
- 查缺补益阅读作业的设计
- 学生靶向阅读习得的凝练
- 靶向阅读教学设计的修改
- 靶向阅读教学问题与反思的梳理
- 学生对靶向阅读教学的评价

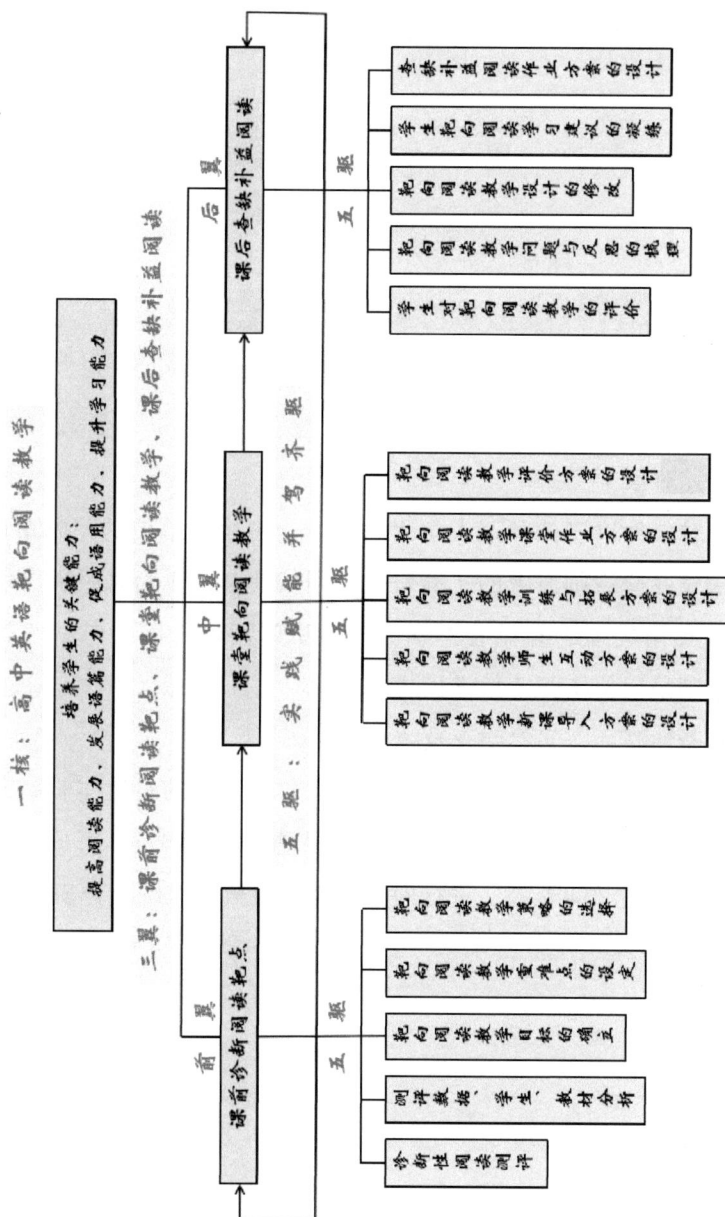

图1 高中英语"一核三翼五驱"靶向阅读教学模型

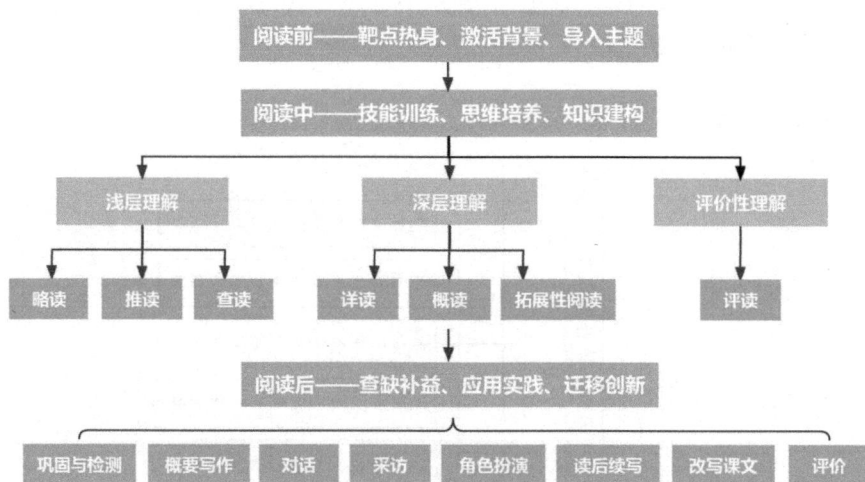

图2 靶向阅读教学课堂流程

2.实践设计

（1）研究对象

本研究对象为以安徽师范大学附属中学为主承担单位的芜湖市域9所普通高中学校参研教师所带的实验班级，同校其余班级为对照班。每校学生高一入校英语成绩没有显著差别。实验班阅读课采用靶向阅读教学模式，对照班则采用传统阅读教学模式。

（2）诊断性测评、问卷调查及统计方法

以实验班阅读能力诊断性测评和实验班与对照班的对比实验研究为支点，运用EXCEL和SPSS20.0软件对测评结果进行分析解读，形成靶点反馈结果。同时，运用"问卷星"进行问卷调查，对数据作统计分析。

课程措施和步骤

一、课程措施

确立以"靶向阅读教学铸能"为核心的教学体系，将靶向阅读教学核心要素贯穿学生关键能力培养的全过程。全面推进"靶向阅读教学铸能"教学改革工程，"靶向阅读教学"元素进学生培养方案、进课前诊测、进课堂教学、进课后补救性学习，从教学原则、教学方式、课程设计、学业评价、教学保障等全要素推进"靶向阅读教学铸能"教学体系。

建构"课前诊断阅读靶点""课堂靶向阅读教学""课后查缺补益阅读"三翼齐飞的新教学格局，全力提高学生的阅读能力、语篇能力、语用能力和学习能力。

一是课时安排保障。学校教务处将靶向阅读教学校本课程纳入学校整体课程规划中，列为实验班级学生的必选课程，参研教师将实验班级每周3～4课时的靶向阅读教学实验研究有机地融入常态英语教学中。靶向阅读教学材料主要有同步的译林版牛津高中英语教材（必修、选择性必修、选修）的阅读材料及遴选的符合《课标》要求的主题语境下的辅助阅读材料等。

二是课程目标达成。立足高中学生英语阅读现状，找准阅读学习问题靶点，通过各类数据对比分析、课程前后问卷调查、分阶段访谈、课堂教学实证、观课议课等手段监控靶向阅读教学校本课程实施的成效，以期达成靶向阅读教学课堂的生成目标。

三是教与学的方式。依据测评结论，围绕关键能力发展目标，分析靶向阅读教学各要素，厘清教学目标、教学内容、教学策略、教学思路等，提出靶向阅读教学流程图，实施靶向阅读教学并指导学生进行靶向学习。

四是教学评闭环管理。"实验班课前阅读问题靶点诊断""实验班与对照班前后测成绩对比与分析""实验班期中期末班级平均分前三名占比分析"三大评价样态实时适时高效监控实验班级的靶向阅读教学成效达成情况，同时采用靶向阅读教学学生评价表调查靶向阅读教学成败，形成评价报告，反思补益阅读教学，实现教学效果最优化。

打造"实践赋能"五轮驱动靶向阅读教学平台，全方位规范学生的学习行为，全力引领学生构建系统知识，力推学生学习建议的凝练。构建"靶向阅读教学课堂流程"，通过对学生的"课前诊测评价—课堂输入评价—课后输出评价"和对教师的"读前导入评价—读中施教评价—读后导出评价"，以学定教、以评促学，学生的自我教育被唤醒，学习行为得到规范，系统知识得到构建，学习建议得到凝练。

二、课程步骤

时间	计划安排
2021年7月—12月	启动相关研究工作。认真研读相关文献材料，分析《课标》中基于核心素养的阅读能力要求(结构)，调查学生目前的阅读现状(特点)，建构动态研究关系网

时间	计划安排
2022年1月—6月	初步构建"课前诊断阅读靶点""课堂靶向阅读教学""课后查缺补益阅读"三维系统框架,组织参研教师研习"高中英语靶向阅读教学模式",同步提高学生对诊断性测评的认识和兴趣,推行网络化、个性化阅读学习;整合主题、语篇、语言知识、阅读技能和阅读策略,强化教师有针对性地改进阅读教学的主人翁意识,明确各自承担的任务及要迎接的挑战
2022年7月—8月	聘请专家带领项目团队分析靶向阅读教学各要素,厘清教学目标、教学内容、教学策略、教学思路等,适时完善其中不足,为下一步在各参研学校全面实施"高中英语靶向阅读教学"问诊、把脉、通络、疏导
2022年9月至今(第一阶段为2022年9月—2023年7月;第二阶段为2023年9月—2024年7月;第三阶段为2024年9月至今)	课题实施阶段(以一学年为周期,分3个执行阶段):课前诊断阅读靶点,课堂靶向阅读教学,课后查缺补益阅读。 继续文献研究,分析高中英语阅读能力要求、能力结构以及高中生在阅读中使用的主要阅读策略,设计和开发诊断性测评平台,并在各参研学校展开应用,同步分析、反馈诊断结果,动态编印推送相应阅读素材,循环开展以"诊断性测评和45分钟靶向课堂"为牵引的阅读教学实践创新,以学定教、以评促学,总结提炼破除高中英语阅读教学桎梏的策略和方法,建构教学评一体化的高中英语靶向阅读教学模式,检验应用成效。 通过问卷调查、访谈、课堂观察、靶向阅读教学评价等方法调查靶向式阅读教学成败,形成评价报告,反思并补益阅读教学,实现指导学生靶向学习的最优化。基于此,分别形成开题报告、中期报告、总结报告。 与此同时,聘请专家对三个阶段实施情况进行问诊、把脉、通络、疏导,着重给出改进建议和意见

时间	计划安排
2025年5月至今	参研教师对实验班的教学实证、课堂观察、问卷调查以及实验班与对照班阅读水平前后测成绩对比、实验班实验前后测成绩对比、期中期末平均分前三名实验班占比进行分析,并对所参加的国家、省级、市级教学比赛,研讨会展示活动和"观课议课"展示活动进行梳理反思,逐项改进优化,最终达成"设计规范、方法科学、过程完整、论证严密"的研究目标,为该项目未来可复制、可推广做精细化总结

课程评价

一、阅读靶点诊断解析

该课程实施期间，对实验班学生开展阅读能力测评。现选取4个实验班的表现进行分析与解读。每次测评每项能力满分30分。

1.2021—2022学年：实验班阅读能力显著提升

综合图1—图4数据可知，A班"推测生词含义"平均分近20分，"理解主旨大意"、"辨别文章来源"、"确定句间逻辑"和"理解主要观点"平均分较低，低于合格标准①。B班"推测生词含义"平均分最高，"确定句间逻辑"平均分最低，三项能力平均分低于合格标准。C班"辨别文章来源"平均分达21分，"理解主旨大意"平均分最低，两项能力平均分低于合格标准。D班"辨别文章来源"平均分达20分，"确定句间逻辑"平均分最低，三项能力平均分低于合格标准。整体来说，实验班阅读能力有很大提升空间，两极分化在缩小。

---

① 阅读技能检测的总分是30分，合格率为60%，故18分是合格标准。

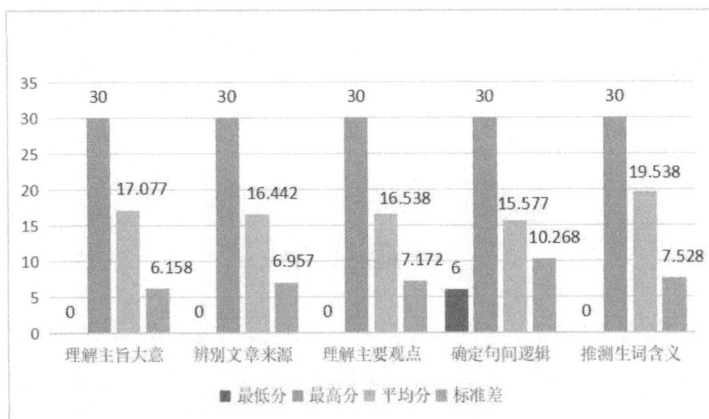

图1　实验班A阅读能力总体表现（学生数：57人）

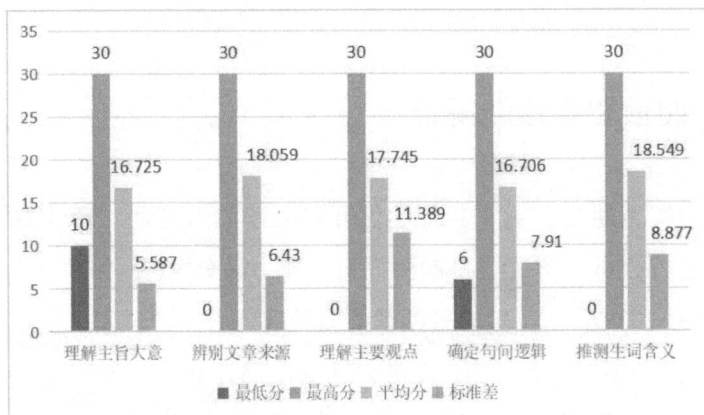

图2　实验班B阅读能力总体表现（学生数：58人）

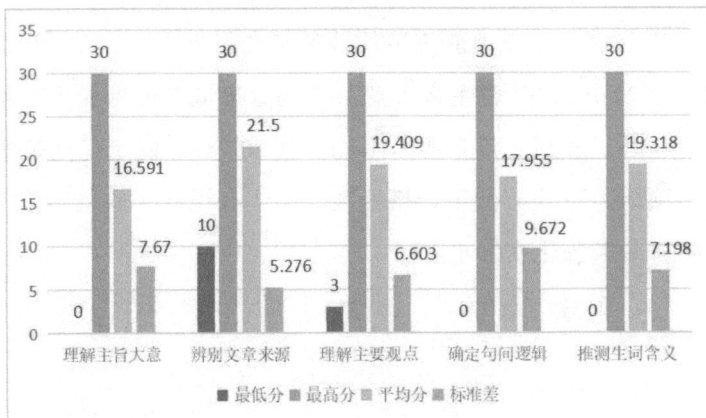

图3　实验班C阅读能力总体表现（学生数：59人）

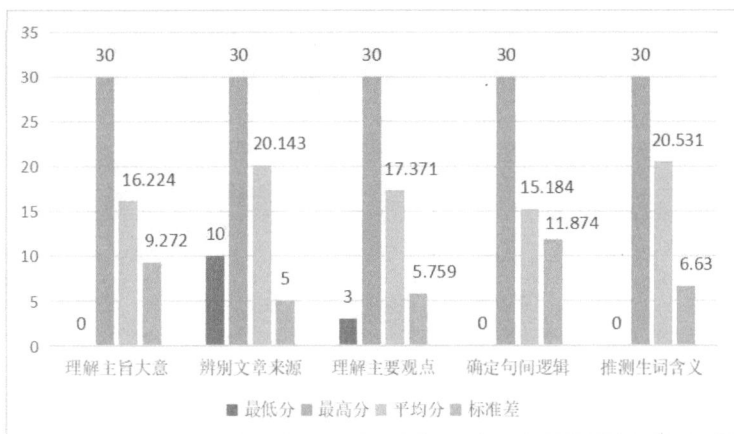

图4　实验班D阅读能力总体表现（学生数：57人）

2.2022—2023学年：实验班阅读能力大幅提升

综合图5—图8数据可知，A班"辨别文章来源"平均分达26分，"理解主旨大意"平均分最低，一项能力平均分低于合格标准。B班"确定句间逻辑"和"推测生词含义"平均分达21分，"辨别文章来源"平均分较低，一项能力平均分低于合格标准。C班"辨别文章来源"平均分达21分，"理解主旨大意"和"确定句间逻辑"平均分低于合格标准。D班"辨别文章来源"平均分达20分，"理解主要观点"平均分最低，三项能力平均分低于合格标准。整体来说，实验班阅读能力仍有很大提升空间，两极分化进一步缩小。

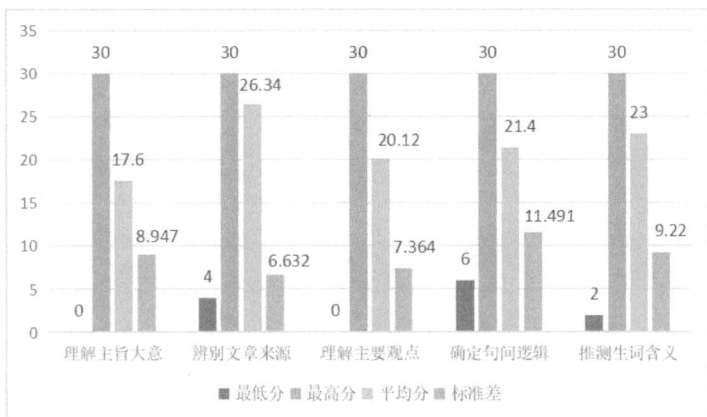

图5　实验班A阅读能力总体表现（学生数：57人）

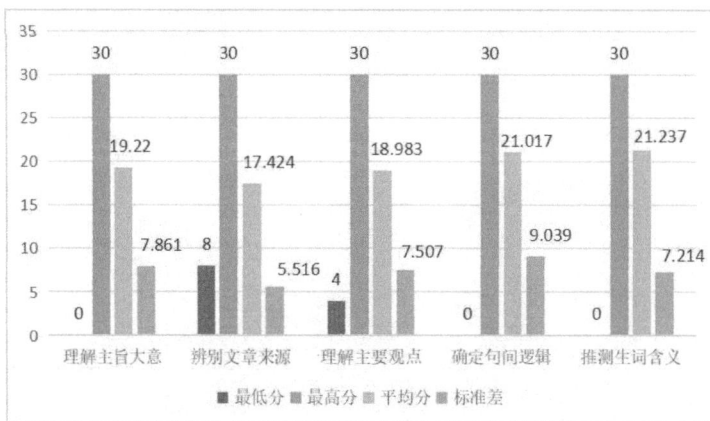

图6　实验班B阅读能力总体表现（学生数：58人）

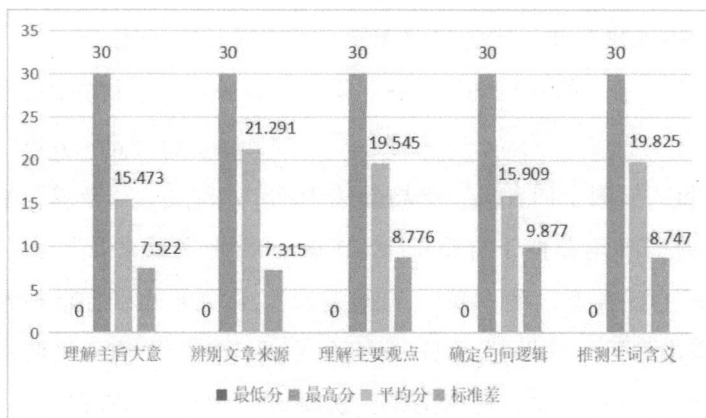

图7　实验班C阅读能力总体表现（学生数：59人）

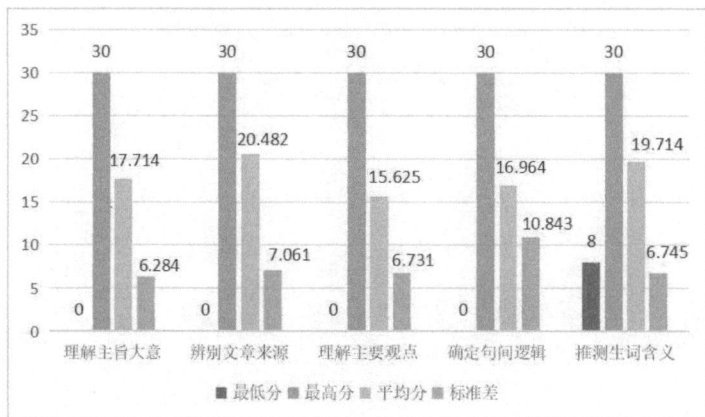

图8　实验班D阅读能力总体表现（学生数：57人）

3.2023—2024学年：实验班阅读能力整体提升

综合图9—图12数据可知，A班"推测生词含义"平均分最高，"理解主要观点"平均分最低，一项能力平均分低于合格标准。B班"确定句间逻辑"和"推测态度意图"平均分达25分，"理解主要观点"平均分最低，五项能力平均分全部合格。C班"推断态度意图"平均分达23分，"理解主要观点"平均分最低，一项能力平均分低于合格标准。D班"确定句间逻辑"平均分超过20分，两项能力平均分低于合格标准。整体来说，实验班阅读能力日趋提高，两极分化在大幅缩小。

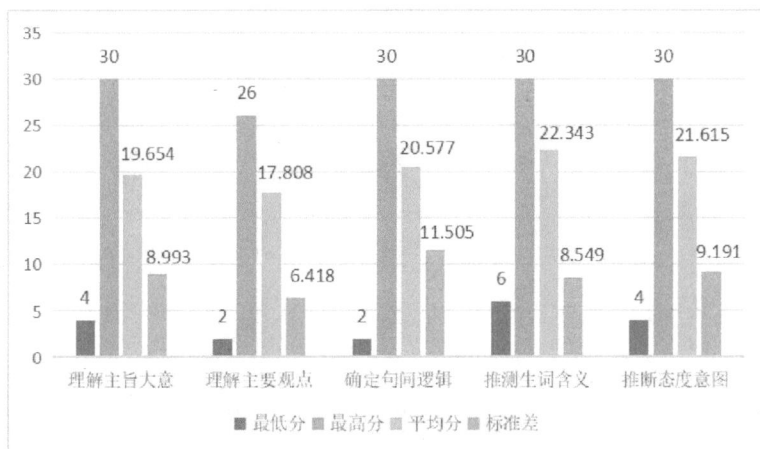

图9　实验班A阅读能力总体表现（学生数：57人）

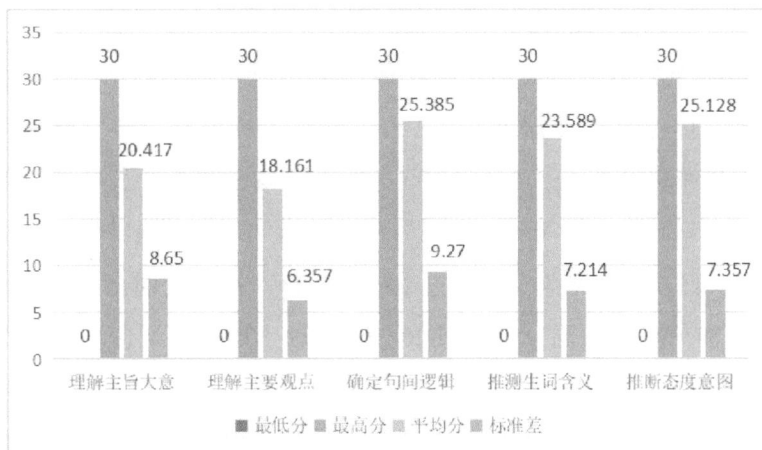

图10　实验班B阅读能力总体表现（学生数：58人）

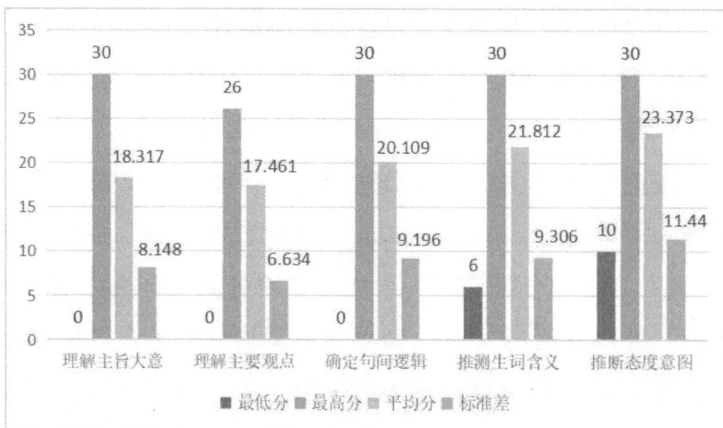

图11　实验班C阅读能力总体表现（学生数：59人）

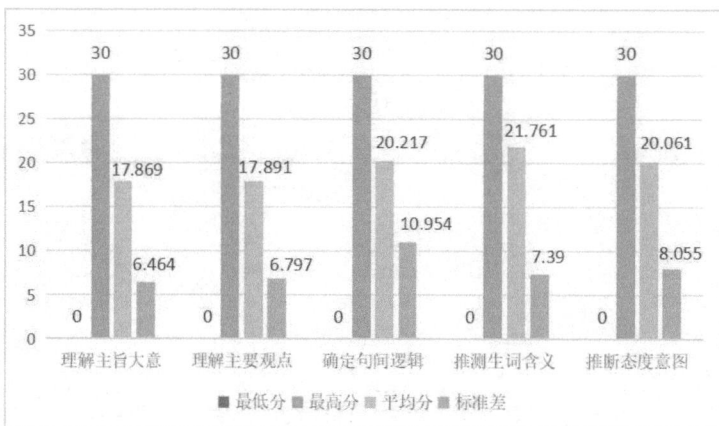

图12　实验班D阅读能力总体表现（学生数：57人）

4.2024—2025学年：实验班阅读能力惊人提升

综合图13—图16数据可知，A班"理解主旨大意"和"推测生词含义"平均分都超过24分，"确定句间逻辑"平均分稍低，五项能力平均分都超过20分。B班"推测生词含义"平均分近28分，"确定句间逻辑"平均分稍低，五项能力平均分都超过20分。C班"推测生词含义"平均分超过26分，四项能力平均分都超过20分。D班"推测生词含义"平均分近26分，"理解主旨大意"、"推断态度示意图"和"理解主要观点"平均分均超过22分，"确定句间逻辑"平均分稍低于其他几项，五项能力平均分都超过21分。

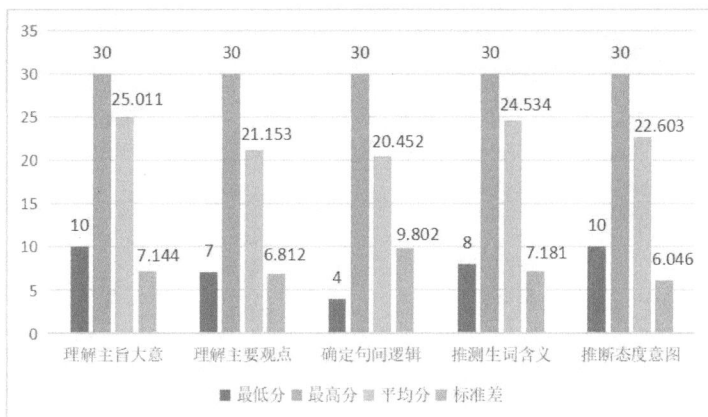

图13 实验班A阅读能力总体表现（学生数：57人）

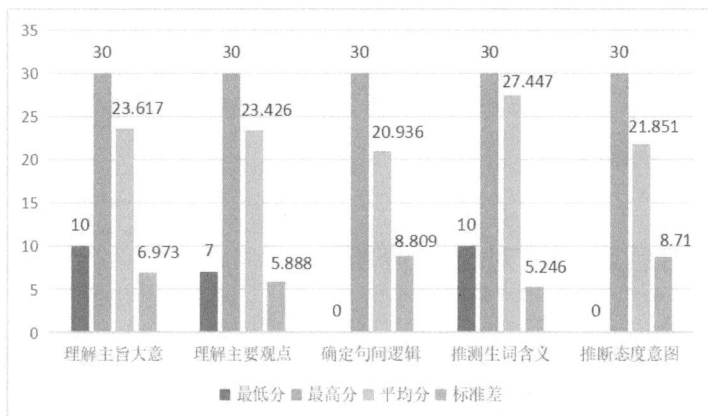

图14 实验班B阅读能力总体表现（学生数：58人）

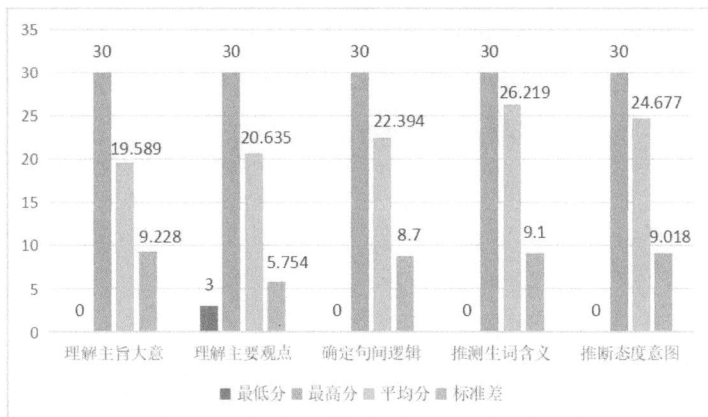

图15 实验班C阅读能力总体表现（学生数：59人）

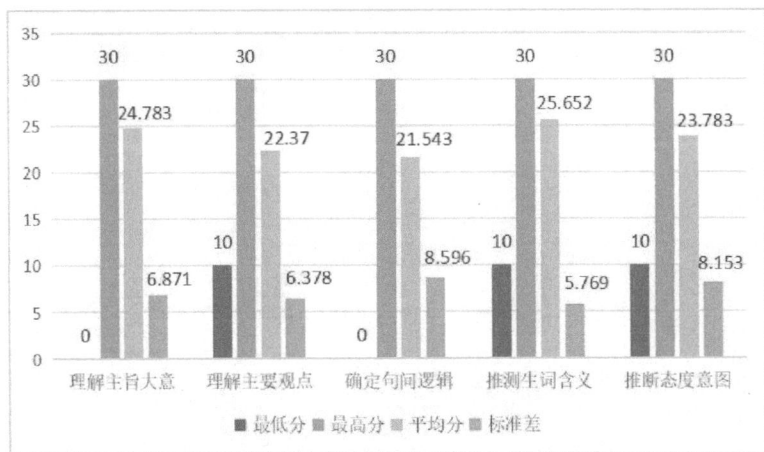

图16　实验班D阅读能力总体表现（学生数：57人）

综上，实验班学生的阅读能力与实验前相比大幅度提高，两极分化大幅度缩小；学生逐渐掌握相关阅读能力和学习策略，在阅读实践中养成了技能和策略运用意识。

二、前后测成绩对比与分析

经过四个学年实验训练，对实验班和随机抽取的对照班进行了综合诊测，与实验前的成绩进行横、纵向对比，不难看出，实验班学生阅读能力在大幅跃升，远超对照班和实验前。

从图17可知，实验训练后，实验班A总平均分提高8.24分，超对照班A总平均分2.72分；实验班A的阅读平均分超对照班A 4.36分。从图18可知，实验班A实验训练后高分段人数递增。

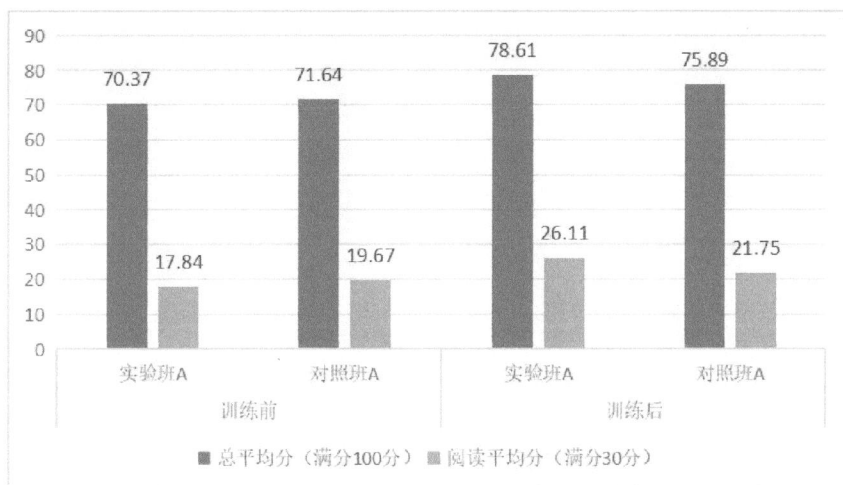

图17　实验班A与对照班A训练前后成绩比较

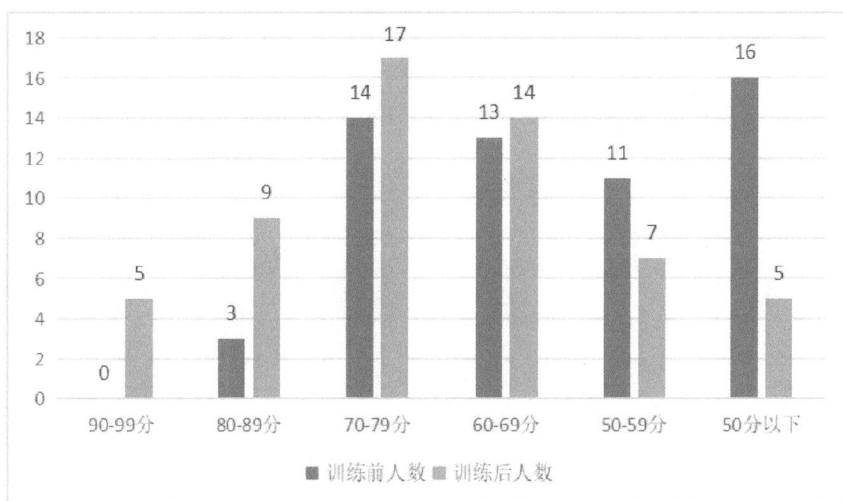

图18　实验班A实验训练前后测成绩比较（学生数：57人）

从图19可知，实验训练后，实验班B总平均分提高8.06分，比对照班B总平均分高2.4分；实验班B阅读平均分超对照班B近4分。从图20可知，实验班B实验训练后高分段人数递增。

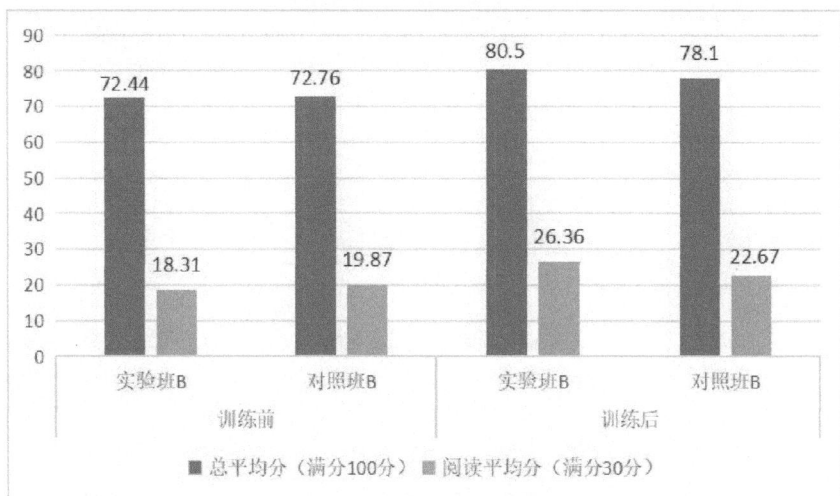

图19　实验班B与对照班B训练前后成绩比较

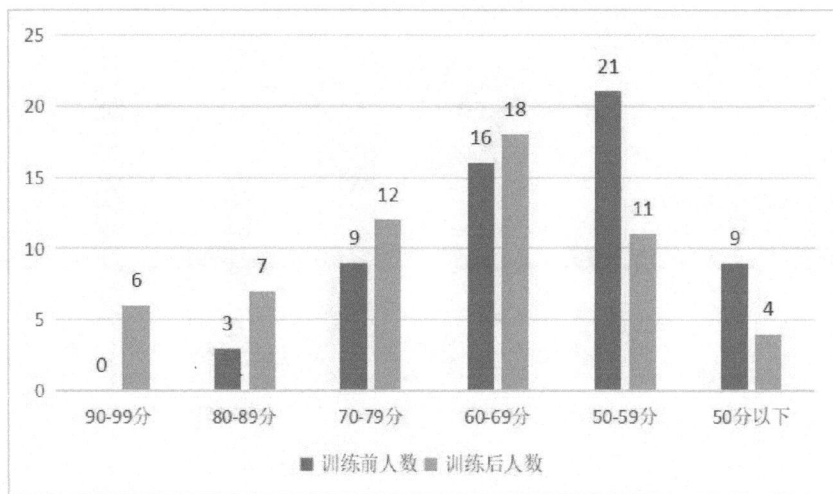

图20　实验班B实验训练前后测成绩比较（学生数：58人）

从图21可知，实验训练后，实验班C总平均分提高5.67分，比对照班C总平均分高3.52分；实验班C的阅读平均分超对照班C 4.33分。从图22可知，实验班C实验训练后高分段人数递增。

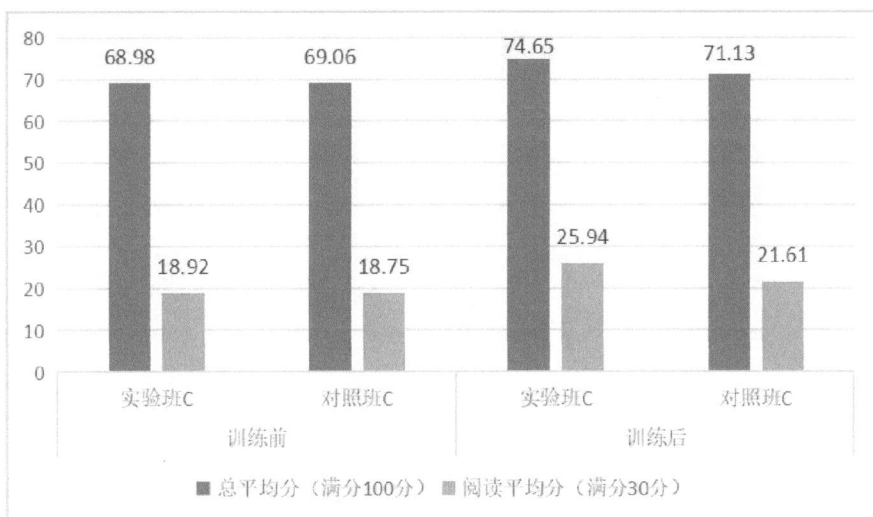

图21　实验班C与对照班C训练前后成绩比较

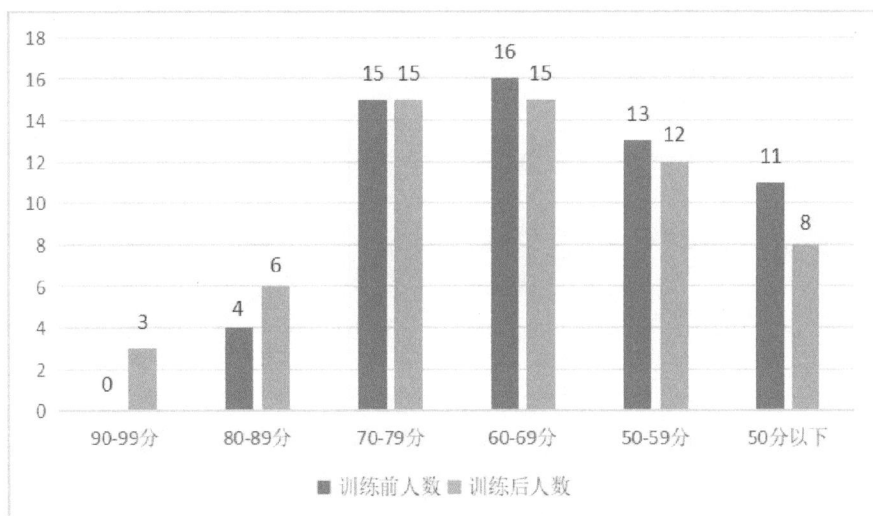

图22　实验班C实验训练前后测成绩比较（学生数：59人）

从图23可知，实验训练后，实验班D总平均分提高6.24分，超对照班D总平均分近3分；实验班D的阅读平均分超对照班D 4.83分。从图24可知，实验班D实验训练后高分段人数递增。

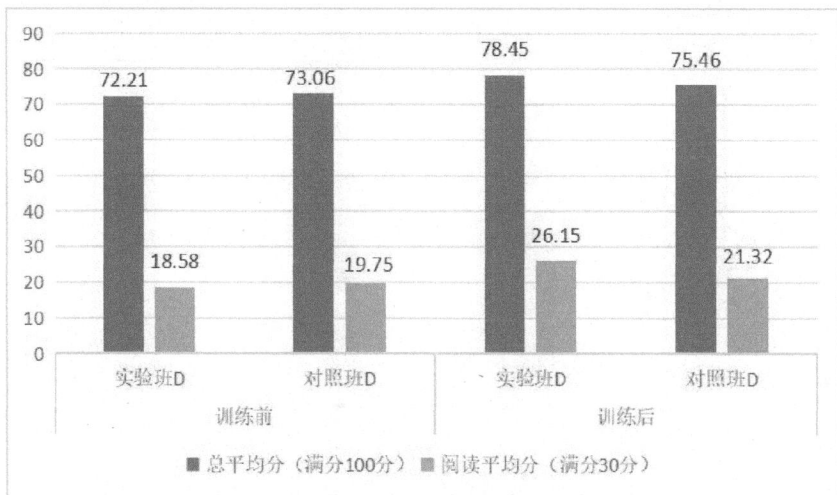

图 23　实验班 D 与对照班 D 训练前后成绩比较

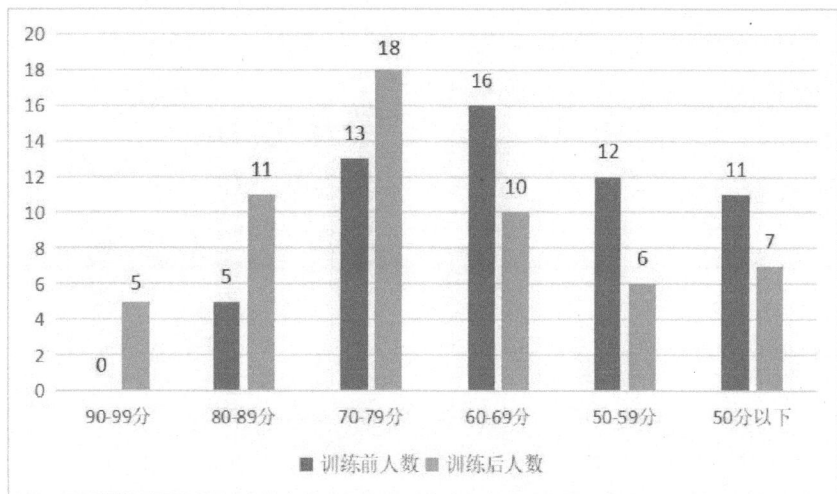

图 24　实验班 D 实验训练前后测成绩比较（学生数：57 人）

三、学生读写能力测试结果分析

1.前测结果

2023 年 11 月，前测选取的对象是 2022 年 9 月入学的高一（10）班学生，全班共 53 人。前测写作材料选自 2018 年普通高等学校招生全国统一考试（江苏卷）英语试卷。写作材料中李江和苏华根据排名进行消费，但得到的体验完全不同。题目要求学生先用大约30个单词概括利用排名进行消费的现象。然后，要求他们陈述自己对消费排名的看法，并列举两三个理由或论据来支持自己的观点，不能直接引用原文中的语句。

根据学生的平均分和分数分布情况，在25分的写作测试中，分数低于11分的学生被划分为低水平，分数高于或等于16分的学生被划分为高水平，而分数在11—16分（含11分）的学生被划分为中水平。根据考前成绩，高、中、低水平学生分别为12人、27人和14人（见表1）。

表1　前测结果

Level	Scores	N	Mean
High Level	16≤S<25	12	18.292
Intermediate Level	11≤S<16	27	13.500
Low Level	0≤S<11	14	6.929
Total	0≤S≤25	53	12.849

2.后测结果

2024年11月，后测选取的对象依然是前测班级，人数不变。后测写作材料选自2016年普通高等学校招生全国统一考试（江苏卷）英语试卷。写作材料是一篇三段的小短文，说明网络投票在中国越来越流行，但不同的人对此有不同的看法。例如，在材料中，李江对网络投票持积极态度，苏华则认为是否投票是一个非常困扰他的问题。在后测中，题目要求学生先用大约30个单词概括材料的大纲，然后用120个单词阐述自己的对网络投票的看法，并用两三个理由或论据来支持自己的观点，不能直接引用原文中的语句。

为了清楚地了解学生在前测和后测中的成绩变化，学生水平的划分标准与前测的标准是一致的，即在25分的写作测试中，分数低于11分的学生被划分为低水平，分数高于或等于16分的学生被划分为高水平，而分数在11—16分（含11分）的学生被划分为中水平。从后测成绩来看，高、中、低水平学生分别为23人、24人和6人（见表2）。

表 2　后测结果

Level	Scores	N	Mean
High Level	16≤S≤25	23	18.674
Intermediate Level	11≤S<16	24	13.625
Low Level	0≤S<11	6	8.417
Total	0≤S≤25	53	15.226

3.前后测结果对比结论

综合分析前后测结果，班级写作平均分由原先的12.849上升到15.226，上升显著，说明思维型读写结合教学对提升学生的写作水平是务实高效的。同时，在思维型读写结合教学过程中，高、中、低三个层次的学生都在一定程度上提高了写作成绩。其中，高水平、中等水平的学生进步有限，低水平的学生在教学后的写作成绩提高得最为明显。

四、学生对"以读促写"补益靶向阅读教学的理解与态度

"以读促写"通过阅读输入（语言知识、文本结构、思维逻辑）激发写作输出，形成"输入→内化→迁移"的语言学习闭环，提升学生写作的准确性与创造性，进而实现"以读促写"对靶向阅读的补益价值。第一，深化语言内化。通过精读文本中的词汇搭配（如高级同义替换）、句型结构（如非谓语动词作状语），积累写作素材。第二，突破思维瓶颈。分析文本的逻辑链条（因果、对比、例证），培养写作的结构化思维。第三，激活文化迁移。理解英语文本的修辞风格（如英式幽默、美式直接），避免中式英语表达。"以读促写"为靶向阅读教学提供了实践闭环，通过"精准诊断—针对性输入—结构化输出—动态优化"的流程，实现阅读与写作能力的协同提升。

经过阅读教学的改进实践，学生对靶向阅读教学的理解与态度的问卷调查结果是令人满意的，结果如图25—图27所示。

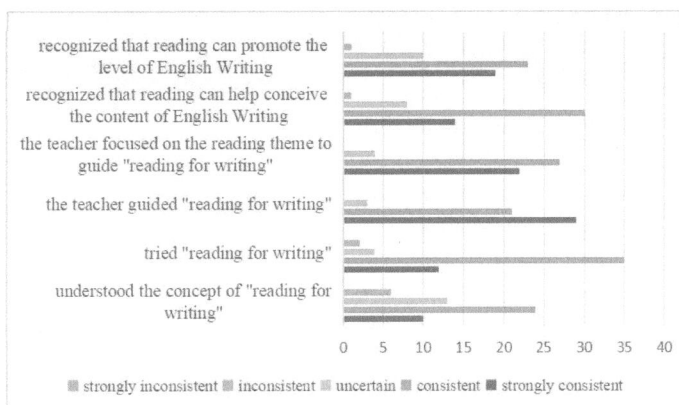

图25　学生对"以读促写"补益靶向阅读教学的理解与态度

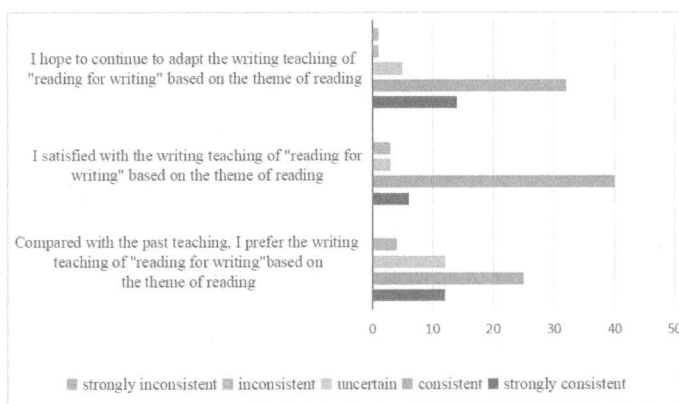

图26　学生对"以读促写"补益靶向阅读教学的综合评价

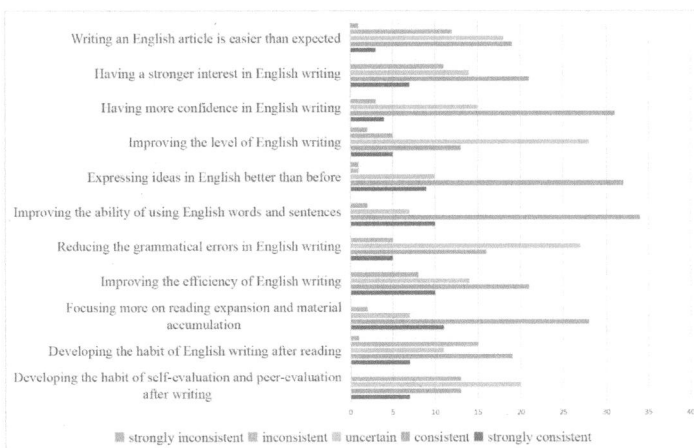

图27　"以读促写"补益靶向阅读教学中学生对不同部分的态度

由图25—图27可知，绝大多数学生都能够正确理解"以读促写"补益靶向阅读教学，对此持积极态度，这有利于充分发挥靶向阅读教学对学生英语写作能力进行查缺补益的积极作用。

五、靶向阅读教学建议

1.秉持高中英语靶向阅读课"教为主导，学为主体"的理念

靶向阅读教学力求秉持"教为主导、学为主体"的理念，全面深入细致开发学生的自主阅读学习能力，鼓励学生敢于质疑和提问，自查阅读能力中的弱项和强项，锻炼批判性阅读思维能力的洞察性、评估性、剖析性、迁移性和创新性，最终培养学生发现并解决阅读靶点问题的高阶学习能力。

2.遵循高中英语靶向阅读课"聚焦关键能力"的教学评一体化思路

高中英语靶向阅读课"聚焦关键能力"的教学评一体化思路重在引导教师深入探求阅读语篇背后所蕴含的有助于培养学生"语篇能力、语用能力、阅读能力和学习能力"的真谛。教师在自己从"知识传授者"转变为"课程设计者"的同时，有力助推学生从"浅度学习者"转变为"深度学习者"。

3.发挥高中英语靶向阅读教学"着力提高学生学用能力，满足学生个性发展需求"的育人功能

根据普通高中学生的认知水平、学习特点、心理特征以及未来发展的不同需求，靶向阅读教学以"着力提高学生学用能力，满足学生个性发展需求"为育人目标，引导学生深入理解阅读文本的内涵，汲取世界文化精华，发展跨文化交流能力，形成开放包容的态度，增强爱国情怀，坚定文化自信，树立正确的世界观、人生观和价值观，为升学、就业和终身学习构筑新发展格局。

课程案例

一、靶向阅读教学设计案例

为了清晰呈现靶向阅读教学设计案例的全过程，下面以理解说明文的语篇结构、主旨大意和说明方法为例诠释如下。

（一）基本情况

1. 教授年级

高二。

2. 学生人数

50人。

3. 单元课时安排

1课时。

4. 教材

译林版《普通高中教科书·英语（选择性必修第一册）》"Unit 1 Food matters"中的"Comfort food"。

5. 学习材料使用与分析

在新高考英语阅读理解中，说明文所占比重尤为突出，且说明文阅读量大、生词多、长难句较多，致使部分学生在阅读的过程中容易产生畏难情绪，阅读速度较慢，无法理解文章，答题的错误率较高。因此，本课时以"理解说明文的语篇结构、主旨大意和说明方法"为阅读靶点，选取一篇话题为"治愈系食物"的说明文，与学生共同探讨说明文的语篇特征和阅读技巧，以期提高学生对说明文语篇分析的能力。

本语篇主要介绍了治愈系食物的定义、特点、功效，重点分析了治愈系食物的情感和文化属性，即来源于家庭的情感属性和以民族认同感为核心的文化属性。本语篇旨在引导学生认识食物不仅能使人保持健康和充满活力，而且还能调节人的情绪、抚慰人的心灵。学习本语篇不仅可以帮助学生理解说明文的语篇结构、主旨大意和说明方法，还可以让学生学会透过现象看本质，理解饮食背后的情感因素和文化因素。语篇采取第一人称视角的讲述方式，有助于拉近与读者的距离，增加文章的真实性和说服力。此外，语篇在写作手法上还有以下几方面特点：细节描写形象生动，分析深入透彻、鞭辟入里，语言上使用了较多的短语动词和复合句。作者把细腻的情感融入朴实的文字里，说理抒情，娓娓道来，这样的写作方法值得学习和模仿。

6.学情分析

学生具有一定的英语基础，学习态度较为认真，学习热情较高，能够积极参与课堂活动，并具备一定的小组合作和自主探究能力，部分同学有较好的语言表达能力和较强的表达欲望。学生对于"治愈系食物"这一话题非常感兴趣，且掌握一些关于食物的基本词汇和短语，但一些专业的词汇还需要教师在具体语境中提供语言支架，帮助其理解掌握。同时，对于治愈性食物背后所蕴含的情感和文化因素还需要在教师的分析引导下进行感受、理解。此外，对于说明文语篇结构、主旨大意和说明方法的深入理解，以及如何在具体语境中用英语介绍自己的治愈系食物等，需要教师给予相应的指导。

（二）学习目标

1.知识与能力目标

梳理语篇大意，识别语篇类型，总结语篇结构；挖掘并分析治愈系食物的定义、情感和文化属性；总结并评价语篇中使用的说明方法。

2.过程与方法目标

通过小组合作探究问题链，促进对治愈系食物的深度理解，形成整体性思维。

3.情感态度与价值观目标

思考并交流食物所承载的功能，乐于分享自己的治愈系食物，正确认识治愈系食物对心灵的治愈，培养乐观、积极的生活态度。

（三）教学重难点分析

1.教学重点

引导学生挖掘并分析治愈系食物的定义、情感和文化属性。

2.教学难点

引导学生理解说明文的语篇结构、主旨大意和说明方法。

（四）教学与活动过程

1.阅读前——靶点热身、激活背景、导入主题

Step 1 Lead-in

Students watch a short video about some delicious food in Wuhu and think about why food is important in our daily life.

设计意图：播放芜湖美食的短视频激发学生的学习兴趣，引出话题。同时让学生对食物的功能进行头脑风暴，拓展学生的思维，也为后续环节对食物功能的探索奠定基础。

评价要点：学生能够初步感知话题，并结合生活经验探讨食物的重要性。

Step 2 Prediction

The teacher guides students to share their understandings of the title—Comfort food and predict the content of the passage based on the title and picture.

设计意图：引导学生关注标题，并培养学生根据文章标题和图片等信息预测文章主题与内容的能力，激活语篇背景信息，激发学生的思维探究能力和问题意识，为进一步阅读做好铺垫。

评价要点：学生能够根据标题和图片合理预测文本内容。

2.阅读中——技能训练、思维培养、知识建构

Step 3 Reading for structure and type

（1）Students figure out the main idea of each paragraph by filling the blanks.

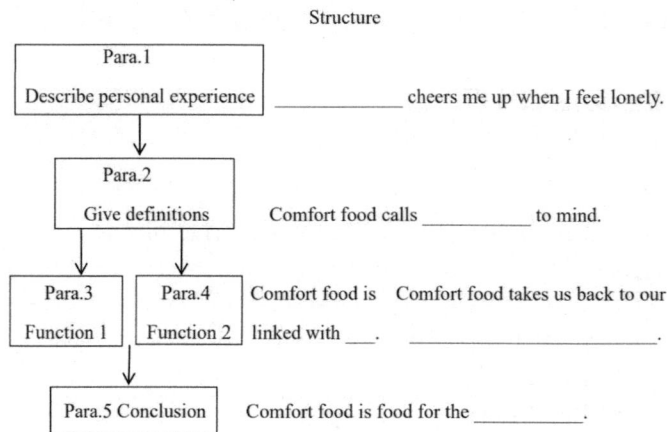

图1　靶向阅读教学课例语篇结构

（2）Students identify the type of the passage—Exposition.

设计意图：引导学生通过填写关键词，获取段落主旨大意和文章主旨，理解语篇结构。同时，根据提示准确判断语篇类型。

评价要点：学生能够提取关键词，掌握语篇结构，并识别语篇类型。

Step 4 Reading for details

Students are divided into groups of four to discuss four questions together.

Q1（Para.1）：Why is rice pudding the author's comfort food?

Q2（Para.2）：What is comfort food?

Q3（Para.3-4）: *How does comfort food comfort people?*（*positive emotions, cultural roots*）

Task 1 Fill in the table.

Comfort food	Examples	How
Positive emotions		
Cultural roots		

Task 2 Watch a short video to better understand how comfort food is related to positive emotions.

Task 3 Watch a survey about top five dishes that make overseas Chinese homesick to better understand how comfort food is linked with cultural roots.

Q4（Para.1-5）: *How does the author describe comfort food?*

设计意图：引导学生深入阅读文本，并通过问题链引发学生思考，培养学生的逻辑思维。第一个问题旨在让学生分析"rice pudding"为什么成为作者的治愈系食物，引导学生从食物所激起的回忆和产生的情感两个方面进行总结。第二个问题旨在让学生探究治愈系食物的定义，锻炼学生在文章中识别定义、归纳总结的能力。第三个问题旨在让学生了解治愈系食物的功能——既能让我们回忆起美好的童年，也能让海外游子一解乡愁；同时通过观看视频和一份让海外华人思念的美食调查，让学生更加深刻地感受到食物背后所蕴含的情感因素和文化因素。第四个问题旨在让学生探索说明方法在文章中的体现并进行评价。

评价要点：学生能够总结出"rice pudding"成为作者的治愈系食物的原因；挖掘出治愈系食物的广义和狭义定义，并总结引出定义的语言表达；寻找文章中所列举的食物，并根据视频和美食调查探索食物背后的情感和文化属性；分析语篇中的说明方法并进行简要评价。

3.阅读后——查缺补益、应用实践、迁移创新

Step 5 Further thinking

Students further discuss one question.

Q: What other functions does food have?

设计意图：激发学生进一步探索食物的功能，拓展创新思维。

评价要点：学生能够根据图片提示探索食物所承载的更多功能。

Step 6 Writing

Students write their own comfort food and happy memories their comfort food recall based on useful expressions.

设计意图：学生联系自己的实际生活，根据语言支架写出自己的治愈系食物及相关的回忆，建立学习内容与个人经历间的意义关联。

评价要点：学生能够根据语言支架写出自己的治愈系食物及相关的回忆。

Step 7 Sharing and evaluating

Students share their works and conduct self-evaluation as well as peer-evaluation based on standards in terms of content, language and handwriting.

设计意图：鼓励学生自信地展示自己的写作作品，并指导学生根据评价标准从内容、语言和书写等方面进行自评和互评，丰富课堂评价形式。

评价要点：学生能够根据评价标准进行自评和互评。

Step 8 Summary

（1）Students watch pictures of heading home for enjoying delicious meals made by their family members or waiting for their family members to send delicious meals for them.

（2）The teacher guides students to enjoy comfort food and enjoy family members' love and company.

设计意图：学生在回味中感受治愈系食物的力量。

评价要点：学生能够真正感受到"治愈系食物是治愈心灵的"。

（五）作业设计

Must do: Polish your introduction about your comfort food.

Choose one to do:

（1）Write a summary about this passage.

（2）Draw a mind-map about this passage.

（六）教学反思

本节课围绕阅读靶点"理解说明文的语篇结构、主旨大意和说明方法"，通过问题链的形式，层层深入，引导学生从了解作者所分享的治愈系食物，到了解治愈系食物的定义和功能，感受治愈系食物所蕴含的情感和文化属性；同时通过提供语言支架，帮助学生基于所学分享自己的治愈系食物。学生通过自主学习和组内讨论，能够理解说明文的语篇结构、主旨大意和说明方法，并在语言支架的帮助下，有效将输入转为写作输出，基本完成了设定的教学目标。但在通过问题链引导学生分析文本的过程中，还可更多地让学生发挥主动性，分享各个小组对于问题的探索情况，然后基于学生的探索情况再给予相应的反馈与评价，从而加深学生对于文本的了解。

二、靶向阅读教学应用案例

为了更直观地展示靶向阅读教学课前阅读靶点的诊断完成情况，我们从高一、高二、高三年级选取了8个班级，从学生数、最低分、最高分、平均分、标准差五个方面详细解读和分析了各班级阅读技能的表现，具体数据见表1。

表1　各班级阅读微技能总体表现

班级	数值	阅读微技能				
		理解主旨大意	理解主要观点	确定句间逻辑	推测生词含义	找出细节信息/辨别文章来源/推断态度意图
班级1 （高一阅读）	学生数	53	53	53	53	53
	最低分	0	0	0	0	0
	最高分	20	30	30	30	30
	平均分	12.174	14.239	14	17.696	19.348
	标准差	6.957	7.37	10.706	6.913	8.689
班级2 （高一阅读）	学生数	55	55	55	55	55
	最低分	0	0	0	0	0
	最高分	30	30	30	30	30
	平均分	14.727	19.091	20.182	18.109	17.818
	标准差	10.157	6.461	8.276	6.428	8.152
班级3 （高二阅读）	学生数	58	58	58	58	58
	最低分	0	0	0	0	0
	最高分	30	30	30	30	30
	平均分	12.241	19.31	19.31	18.879	19.138
	标准差	8.593	6.244	10.406	5.731	7.788
班级4 （高二阅读）	学生数	44	44	44	44	44
	最低分	0	3	0	0	10
	最高分	30	30	30	30	30
	平均分	16.591	19.409	22.955	24.318	27.5
	标准差	7.67	6.603	9.672	7.198	5.276
班级5 （高三阅读）	学生数	47	47	47	47	47
	最低分	10	7	0	10	0

班级	数值	阅读微技能				
		理解主旨大意	理解主要观点	确定句间逻辑	推测生词含义	找出细节信息/辨别文章来源/推断态度意图
班级 5（高三阅读）	最高分	30	30	30	30	30
	平均分	23.617	23.426	18.936	27.447	20.851
	标准差	6.973	5.888	8.809	5.246	8.71
班级 6（高三阅读）	学生数	50	50	50	50	50
	最低分	10	7	0	0	10
	最高分	30	30	30	30	30
	平均分	24	23	19	24	19
	标准差	7.144	6.812	9.802	7.181	7.046
班级 7（高三阅读）	学生数	55	55	55	55	55
	最低分	0	3	0	0	0
	最高分	30	30	30	30	30
	平均分	19	20	14	22	16
	标准差	9.228	5.754	8.7	9.1	9.018
班级 8（高三阅读）	学生数	46	46	46	46	46
	最低分	0	10	0	10	10
	最高分	30	30	30	30	30
	平均分	24.783	22.37	9.543	25.652	19.783
	标准差	6.871	6.378	8.596	5.769	8.153

（一）各班级阅读微技能总体表现

下面结合表1对各个班级的阅读微技能总体表现进行详细分析，各个班级不同阅读微技能成绩分布情况见表2—表9。

1.班级1：高一阅读

本次阅读微技能主要包括理解主旨大意、理解主要观点、确定句间逻辑、推测生词含义和找出细节信息。每项微技能满分为30分。由表1可知，学生的"找出细节信息"阅读微技能表现较好，平均分接近20分。同时"理解主旨大意""理解主要观点""确定句间逻辑""推测生词含义"阅读微技能平均分低于合格标准，且"确定句间逻辑"阅读微技能的标准差在五项阅读微技能中最大，说明班级同学在此项阅读微技能表现上差距较大。整体来说，班级同学英语阅读水平仍有很大提升空间，且班级两极分化情况较严重。

2.班级2：高一阅读

本次阅读微技能主要包括理解主旨大意、理解主要观点、确定句间逻辑、推测生词含义和找出细节信息。每项微技能满分为30分。由表1可知，学生的"确定句间逻辑"阅读微技能较好，平均分达20分。同时"理解主旨大意"和"找出细节信息"的阅读微技能平均分较低，低于合格标准，且"理解主旨大意"阅读微技能的标准差较大。整体来说，班级同学英语阅读水平仍有很大提升空间，且班级两极分化情况较严重。

3.班级3：高二阅读

本次阅读微技能主要包括理解主旨大意、理解主要观点、确定句间逻辑、推测生词含义和找出细节信息。每项微技能满分为30分。由表1可知，学生的"理解主要观点""确定句间逻辑""找出细节信息"阅读微技能表现较好，平均分达19分。但"确定句间逻辑"标准差在五项阅读微技能中排名第一，班级同学在此项阅读微技能表现上差距相对而言较大。同时"理解主旨大意"的平均分在五项阅读微技能中最低，低于合格标准。整体来说，班级同学英语阅读水平仍有很大提升空间，且班级两极分化情况较严重。

4.班级4：高二阅读

本次阅读微技能主要包括理解主旨大意、理解主要观点、确定句间逻辑、推测生词含义和辨别文章来源。每项微技能满分为30分。由表1可知，"辨别文章来源"阅读微技能表现较好，平均分将近28分。同时，"理解主旨大意"阅读微技能平均分低于合格标准。"确定句间逻辑"标准差较大，班级同学在此项阅读微技能表现上差距较大。整体来说，班级同学英语阅读水平仍有很大提升空间，且班级两极分化情况较严重。

5. 班级5：高三阅读

本次阅读微技能主要包括理解主旨大意、理解主要观点、确定句间逻辑、推测生词含义和推断态度意图。每项微技能满分为30分。由表1可知，"推测生词含义"阅读微技能表现较好，平均分超过27分。同时"确定句间逻辑"阅读微技能平均分较低，且标准差较大，班级同学在此项阅读微技能表现上差距较大。整体来说，班级同学英语阅读水平仍有很大提升空间，且班级两极分化情况较严重。

6. 班级6：高三阅读

本次阅读微技能主要包括理解主旨大意、理解主要观点、确定句间逻辑、推测生词含义和推断态度意图。每项微技能满分为30分。由表1可知，学生的"理解主旨大意"和"推测生词含义"阅读微技能表现较好，平均分为24分。"确定句间逻辑"的标准差在五项阅读微技能中最大，班级同学在此项阅读微技能表现上差距较大。同时"确定句间逻辑"和"推断态度意图"阅读微技能平均分较低。整体来说，班级同学英语阅读水平仍有很大提升空间，且班级两极分化情况较严重。

7. 班级7：高三阅读

本次阅读微技能主要包括理解主旨大意、理解主要观点、确定句间逻辑、推测生词含义和推断态度意图。每项微技能满分为30分。由表1可知，"推测生词含义"阅读微技能表现较好，平均分为22分。"理解主旨大意"的标准差在五项阅读微技能中最大，班级同学在此项阅读微技能表现上差距较大。同时"确定句间逻辑"和"推断态度意图"阅读微技能平均分较低，远低于合格标准。整体来说，班级同学英语阅读水平仍有很大提升空间，且班级两极分化情况较严重。

8.班级8：高三阅读

本次阅读微技能主要包括理解主旨大意、理解主要观点、确定句间逻辑、推测生词含义和推断态度意图。每项微技能满分为30分。由表1可知，学生的"推测生词含义"阅读微技能表现最好，平均分超过25分，同时该项阅读微技能标准差也最小，说明班级同学在此项阅读微技能表现上差距较小。"理解主旨大意""理解主要观点"两项阅读微技能平均分均超过22分，表现较好。但是"确定句间逻辑"阅读微技能平均分远低于合格标准。整体来说，班级同学的英语阅读水平仍有很大提升空间，且班级两极分化情况较严重。

表2　班级1阅读微技能成绩分布情况

班级	阅读微技能	有效成绩	频率	百分比	累计百分比
班级1（高一阅读）	理解主旨大意	0	7	13.2%	13.2%
		10	25	47.2%	60.4%
		20	21	39.6%	100%
	理解主要观点	0	5	9.4%	9.4%
		5	4	7.5%	16.9%
		10	12	22.7%	39.6%
		15	9	17%	56.6%
		20	16	30.2%	86.8%
		25	6	11.3%	98.1%
		30	1	1.9%	100%
	确定句间逻辑	0	1	1.9%	1.9%
		8	10	18.9%	20.8%
		15	22	41.5%	62.3%
		23	16	30.2%	92.5%
		30	4	7.5%	100%
	推测生词含义	0	1	1.9%	1.9%

班级	阅读微技能	有效成绩	频率	百分比	累计百分比
班级1 （高一阅读）	推测生词含义	8	10	18.9%	20.8%
		15	22	41.5%	62.3%
		23	16	30.2%	92.5%
		30	4	7.5%	100%
	找出细节信息	0	5	9.4%	9.4%
		5	2	3.8%	13.2%
		10	7	13.2%	26.4%
		15	6	11.3%	37.7%
		20	13	24.5%	62.2%
		25	10	18.9%	81.1%
		30	10	18.9%	100%

注："有效成绩"指测试中出现的学生成绩。

表3　班级2阅读微技能成绩分布情况

班级	阅读微技能	有效成绩	频率	百分比	累计百分比
班级2 （高一阅读）	理解主旨大意	0	11	20%	20%
		10	17	30.9%	50.9%
		20	17	30.9%	81.8%
		30	10	18.2%	100%
	理解主要观点	5	2	3.6%	3.6%
		10	7	12.7%	16.3%
		15	12	21.8%	38.1%
		20	18	32.7%	70.8%
		25	10	18.2%	89%
		30	6	11%	100%

续　表

班级	阅读微技能	有效成绩	频率	百分比	累计百分比
班级2 （高一阅读）	确定句间逻辑	0	3	5.5%	5.5%
		10	9	16.4%	21.9%
		20	27	49.1%	71%
		30	16	29%	100%
	推测生词含义	0	1	1.8%	1.8%
		8	6	10.9%	12.7%
		15	23	41.8	54.5%
		23	21	38.2%	92.7%
		30	4	7.3%	100%
	找出细节信息	0	3	5.5%	5.5%
		5	1	1.8%	7.3%
		10	13	23.7%	31%
		15	6	10.9%	41.9%
		20	17	30.9%	72.8%
		25	7	12.7%	85.5%
		30	8	14.5%	100%

注：“有效成绩”指测试中出现的学生成绩。

表4　班级3阅读微技能成绩分布情况

班级	阅读微技能	有效成绩	频率	百分比	累计百分比
班级3 （高二阅读）	理解主旨大意	0	12	20.6%	20.6%
		10	25	43.1%	63.7%
		20	17	29.3%	93%
		30	4	7%	100%
	理解主要观点	5	1	1.7%	1.7%

班级	阅读微技能	有效成绩	频率	百分比	累计百分比
班级3 （高二阅读）	理解主要观点	10	8	13.8%	15.5%
		15	13	22.4%	37.9%
		20	18	31%	68.9%
		25	12	20.7%	89.6%
		30	6	10.4%	100%
	确定句间逻辑	0	8	13.8%	13.8%
		10	9	15.5%	29.3%
		20	20	34.5%	63.5%
		30	21	36.5%	100%
	推测生词含义	8	5	8.6%	8.6%
		15	24	41.3%	49.9%
		23	25	43.1%	93%
		30	4	7%	100%
	找出细节信息	0	1	1.7%	1.7%
		5	5	8.6%	10.3%
		10	7	12.1%	22.4%
		15	5	8.6%	31%
		20	21	36.2%	67.2%
		25	10	17.2%	84.4%
		30	9	15.6%	100%

注："有效成绩"指测试中出现的学生成绩。

表5 班级4阅读微技能成绩分布情况

班级	阅读微技能	有效成绩	频率	百分比	累计百分比
班级4 （高二阅读）	理解主旨大意	0	2	4.5%	4.5%
		10	17	38.6%	43.1%
		20	19	43.2%	86.3%
		30	6	13.7%	100%
	理解主要观点	3	1	2.3%	2.3%
		7	1	2.3%	4.6%
		10	3	6.8%	11.4%
		13	7	15.9%	27.3%
		17	6	13.6%	40.9%
		20	9	20.5%	61.4%
		23	9	20.5%	81.9%
		27	2	4.5%	86.4%
		30	6	13.6%	100%
	确定句间逻辑	0	2	4.5%	4.5%
		10	10	22.7%	27.2%
		20	5	11.4%	38.6%
		30	27	61.4%	100%
	推测生词含义	0	1	2.3%	2.3%
		10	3	6.8%	9.1%
		20	16	36.4%	45.5%
		30	24	54.5%	100%
	辨别文章来源	10	2	4.5%	4.5%
		20	7	15.9%	20.4%
		30	35	79.6%	100%

注："有效成绩"指测试中出现的学生成绩。

表6　班级5阅读微技能成绩分布情况

班级	阅读微技能	有效成绩	频率	百分比	累计百分比
班级5 （高三阅读）	理解主旨大意	10	6	12.8%	12.8%
		20	18	38.3%	51.1%
		30	23	48.9%	100%
	理解主要观点	7	1	2.1%	2.1%
		13	4	8.5%	10.6%
		17	5	10.6%	21.2%
		20	6	12.8%	34%
		23	9	19.1%	53.1%
		27	10	21.3%	74.4%
		30	12	25.6%	100%
	确定句间逻辑	0	2	4.3%	4.3%
		8	6	12.8%	17.1%
		15	20	42.6%	59.7%
		23	4	8.5%	68.2%
		30	15	31.8%	100%
	推测生词含义	10	2	4.3%	4.3%
		20	8	17%	21.3%
		30	37	78.7%	100%
	推断态度意图	0	4	8.5%	8.5%
		10	4	8.5%	17%
		20	23	48.9%	65.9%
		30	16	34.1%	100%

注："有效成绩"指测试中出现的学生成绩。

表7 班级6阅读微技能成绩分布情况

班级	阅读微技能	有效成绩	频率	百分比	累计百分比
班级6 （高三阅读）	理解主旨大意	10	7	14%	14%
		20	18	36%	50%
		30	25	50%	100%
	理解主要观点	7	2	4%	4%
		10	2	4%	8%
		13	3	6%	14%
		17	6	12%	26%
		20	3	6%	32%
		23	11	22%	54%
		27	6	12%	66%
		30	17	34%	100%
	确定句间逻辑	0	4	8%	8%
		8	6	12%	20%
		15	18	36%	56%
		23	3	6%	62%
		30	19	38%	100%
	推测生词含义	0	1	2%	2%
		10	4	8%	10%
		20	20	40%	50%
		30	25	50%	100%
	推断态度意图	10	14	28%	28%
		20	25	50%	78%
		30	11	22%	100%

注："有效成绩"指测试中出现的学生成绩。

表8 班级7阅读微技能成绩分布情况

班级	阅读微技能	有效成绩	频率	百分比	累计百分比
班级7 （高三阅读）	理解主旨大意	0	4	7.3%	7.3%
		10	13	23.6%	30.9%
		20	20	36.3%	67.2%
		30	18	32.8%	100%
	理解主要观点	3	1	1.8%	1.8%
		10	4	7.3%	9.1%
		13	3	5.5%	14.6%
		17	10	18.2%	32.8%
		20	14	25.5%	58.3%
		23	12	21.8%	80.1%
		27	6	10.9%	91%
		30	5	9%	100%
	确定句间逻辑	0	7	12.7%	12.7%
		8	16	29.1%	41.8%
		15	20	36.4%	78.2%
		23	5	9.1%	87.3%
		30	7	12.7%	100%
	推测生词含义	0	3	5.5%	5.5%
		10	10	18.2%	23.7%
		20	17	30.9%	54.6%
		30	25	45.4%	100%
	推断态度意图	0	6	10.9%	10.9%
		10	18	32.7%	43.6%
		20	21	38.2%	81.8%
		30	10	18.2%	100%

注：“有效成绩”指测试中出现的学生成绩。

表9 班级8阅读微技能成绩分布情况

班级	阅读微技能	有效成绩	频率	百分比	累计百分比
班级8 （高三阅读）	理解主旨大意	0	1	2.2%	2.2%
		10	2	4.3%	6.5%
		20	17	37%	43.5%
		30	26	56.5%	100%
	理解主要观点	10	3	6.5%	6.5%
		13	5	10.8%	17.4%
		17	7	15.2%	32.6%
		20	4	8.7%	41.3%
		23	9	19.6%	60.9%
		27	4	8.7%	69.6%
		30	14	30.4%	100%
	确定句间逻辑	0	17	37%	37%
		8	6	13%	50%
		15	19	41.4%	91.4%
		23	2	4.3%	95.7%
		30	2	4.3%	100%
	推测生词含义	10	2	4.3%	4.3%
		20	16	34.8%	39.1%
		30	28	60.9%	100%
	推断态度意图	10	16	34.8%	34.8%
		20	15	32.6%	67.4%
		30	15	32.6%	100%

注："有效成绩"指测试中出现的学生成绩。

（二）各项阅读微技能表现和学习建议

1.理解主旨大意

（1）能力描述语

能读懂阅读材料的主要内容，概括、归纳其主旨大意或中心思想。

（2）学习建议

①阅读前：

明确阅读目的：开始阅读前，先明确自己为什么读这篇文章，是为了获取信息、解决问题，还是为了欣赏文学作品等。明确目的有助于更有针对性地去寻找主旨。

预览文章：快速浏览文章的标题、开头、结尾、段落首句以及图片、表格等，对文章的主题和大致内容有初步的了解，为把握主旨奠定基础。

②阅读中：

抓关键句：重点关注文章的开头段、结尾段以及每段的首句和尾句，这些地方往往会出现表达主旨的关键句。同时，留意文中反复出现的词语或句子，它们可能与主旨密切相关。

分析文章结构：厘清文章的结构，如总—分—总、总—分、分—总等结构，了解各部分之间的关系，有助于从整体上把握文章的主旨。例如，在总—分—总结构中，开头提出主旨，中间展开论述，结尾再次强调主旨。

区分主要信息和次要信息：学会辨别哪些是支撑主旨的主要信息，哪些是细节、例子等次要信息。不要被大量的细节所迷惑，要善于从众多信息中提炼出关键信息。

③阅读后：

总结归纳：读完文章后，用自己的话简要概括文章的主要内容和中心思想。可以尝试将文章的主旨用一句话表达出来，锻炼自己的概括能力。

与他人交流：和同学、教师或朋友讨论文章的主旨，听取不同的观点和看法，这有助于拓宽自己的思路，加深对文章主旨的理解。

多阅读不同类型的文章：通过阅读各种体裁和题材的文章，如记叙文、议论文、说明文、小说、诗歌等，熟悉不同类型文章表达主旨的方式，提高对主旨大意的理解能力。

2.理解主要观点

（1）能力描述语

能从一般文字资料中获取主要信息和观点，如主要结论和理由、故事发展梗概、正反面观点和态度、人物感受、对人物和事件的评价等。

能从一般文字资料中理解具体信息，如事实、例证、原因、过程、特征等。

（2）学习建议

①阅读前：

了解背景信息：对文章涉及的主题、作者、写作背景等进行初步了解，这有助于更好地理解文章的主要观点。比如了解作者的生平经历和写作风格，能更准确地把握其在文中表达的观点倾向。

②阅读中：

标记重要信息：在阅读过程中，将关键的语句、段落以及表明作者态度的词汇等标记出来，这些往往与主要观点紧密相关，像"然而""因此""总之"等关联词后的内容，常常是作者观点的体现。

梳理文章脉络：可以通过绘制思维导图或列出提纲的方式，梳理文章的结构和逻辑关系，明确各部分内容是如何围绕主要观点展开论述的，从整体上把握主要观点。

③阅读后：

总结与概括：用简洁的语言总结文章的主要内容和主要观点，尝试将其提炼成一句话或几句话，培养自己的概括能力，同时也能检验自己是否准确理解了主要观点。

深入思考与分析：思考作者为什么会提出这样的观点，其背后的依据和目的是什么，还可以进一步分析观点的局限性以及可能存在的争议点，加深对主要观点的理解。

3.确定句间逻辑

（1）能力描述语

能根据语篇中的核心词、代词等，理解段落或句子之间的逻辑关系。

（2）学习建议

①透彻掌握语法知识：

深入学习各种从句，如名词性从句、定语从句和状语从句等，明确它们与主句之间的逻辑关系。例如，宾语从句常用来表示主句中动作的对象或内容，而原因状语从句则说明主句中动作发生的原因。

熟悉虚拟语气的用法及其所表达的逻辑含义，通过虚拟语气可以判断出句子是与事实相反的假设，或是对过去情况的一种虚拟推测等。

②丰富逻辑关系词汇储备：

除了常见的逻辑关系词，还要积累一些相对高级或不那么常用的词汇和短语。如表示让步的 although、even though、despite、in spite of；表示目的的 in order to、so as to、for the purpose of 等。

注意一些短语搭配所蕴含的逻辑关系，如 lead to（导致，表因果）、result from（由……引起，表因果）、compared with（与……相比，表对比）等，通过阅读和练习不断强化对这些词汇和短语的记忆与理解。

③加强阅读分析训练：

阅读时注重分析句子结构，找出句子的主干和修饰成分，判断各部分之间的逻辑关系。对于长难句，可以通过划分句子成分、找出关键连词等方法，厘清句子内部以及与上下文之间的逻辑。

分析文章的体裁和结构，不同体裁的文章有不同的逻辑组织方式。如议论文通常采用"提出论点—论证论点—得出结论"的结构，句间逻辑关系多为因果、递进、转折等，以支持论点；说明文则常按照一定的顺序，如时间顺序、空间顺序或逻辑顺序来介绍事物，句间逻辑关系以并列、顺承等为主。

④开展专项与综合练习：

进行专门的句间逻辑关系练习题训练，如给出一组句子，要求选择合适的逻辑关系词填空，或者分析句子之间的逻辑关系并进行归类等，通过练习加深对各种逻辑关系的认识和理解。

在做阅读理解、完形填空等综合练习题时，注重分析句间逻辑在解题中的作用。例如，通过句间的因果关系可以推断出某个事件的原因或结果，通过转折关系可以理解作者观点的转变等，从而提高答题的准确率。

⑤进行写作与翻译实践：

在英语写作中，合理运用逻辑关系词和短语来连接句子和段落，使文章的逻辑更加清晰连贯。例如，在阐述观点、步骤时，使用 firstly、secondly、finally 等表示顺序的词；在对比不同的事实或观点时，使用 on the one hand、on the other hand 等。

进行汉译英翻译练习，将中文句子或段落准确地翻译成英语，在翻译过程中必须思考如何运用英语的逻辑关系表达手法来体现原文的逻辑。通过这种实践，不仅可以提高对英语句间逻辑的运用能力，还能进一步加深对逻辑关系的理解。

4.推测生词含义

（1）能力描述语

能利用上下文、句子结构猜测单词或短语的含义。

（2）学习建议

①利用上下文线索：

定义或解释线索：有时文章会对生词进行直接定义或解释。例如，"Anthropology is the scientific study of man." 通过 "is" 后的解释可知 "anthropology" 是 "研究人类的科学"，即 "人类学"。

举例线索：文中可能会用举例的方式来解释生词。如 "Some mammals, such as whales, elephants and monkeys, are very intelligent." 通过列举的 "whales" "elephants" "monkeys" 可推测 "mammals" 是 "哺乳动物" 的意思。

对比或反义线索：利用文中的对比或反义关系来推测生词含义。如 "Unlike his brother, who is very outgoing, Tom is quite reticent." 由 "unlike" 及

"outgoing"（外向的）可推出"reticent"是"内向的"意思。

②运用构词法知识：

词根：掌握常见词根的含义，如"bio-"表示"生命，生物"，那么"biology"（生物学）、"biography"（传记，描述人生的）等词的含义就容易理解了。

词缀：了解前缀和后缀的意义。比如前缀"un-""in-"表示否定，"unhappy"就是"不开心的"；后缀"-less"也表示否定，"hopeless"即"没有希望的"。

③分析句子语法结构：

判断词性：根据单词在句子中的位置和语法功能判断其词性。若一个词在形容词后，可能是名词；在名词前，可能是形容词或限定词。如"The mysterious object attracted everyone's attention." 中"mysterious"修饰"object"，可判断其是形容词，进而推测其意为"神秘的"。

分析句子成分关系：通过分析句子中各个成分之间的关系来推测生词含义。例如，"The professor's lecture was so profound that most of the students couldn't understand it.""so... that..."引导结果状语从句，根据"学生听不懂"可推出"profound"是"深奥的"意思。

④结合生活常识和背景知识：

利用生活经验：有些生词的含义可根据生活常识来推测。如"During the earthquake, the ground trembled violently." 人们知道地震时地面会"震动"，所以可推测出"trembled"是"颤抖，震动"的意思。

借助文化背景知识：了解一些英语国家的文化、历史、地理等背景知识有助于推测生词词义。如提到"Thanksgiving Day"，结合西方文化中感恩节的相关知识，能更好地理解与这个节日相关的一些生词。

⑤多阅读多积累：

广泛阅读：通过阅读不同类型的英语文章，如小说、科普杂志、新闻等，随着阅读量的增大，推测生词含义的能力也会在实践中不断提高。

整理和积累：将平时积累的生词的词义进行整理，定期复习，加深对这些词汇的理解和记忆，同时也能强化推测生词含义的技巧和能力。

5.找出细节信息

（1）能力描述语

能从一般性文字材料中识别、提取事实性信息，如时间、地点、人物、数字、活动等。

能阅读较为简单的图表性资料，能进行信息配对或对比。

（2）学习建议

①培养阅读技巧：

扫读：在阅读文章前，先快速浏览标题、首尾段、每段首句等，了解文章的主旨大意和结构，为寻找细节信息建立框架。例如，在阅读一篇关于动物保护的文章时，通过扫读可知文章主要介绍了几种濒危动物及其保护措施，那么在找细节时就可以更有针对性地在相应段落寻找。

精读：带着问题精读文章，关注与问题相关的细节内容。对于长难句，要分析句子结构，理解其确切含义。如"With the development of technology, which has brought both convenience and some potential problems, people are increasingly concerned about the environmental issues."要准确理解技术发展带来的影响以及人们对环境问题的态度等细节。

②明确细节类型：

事实细节：包括人物、事件、时间、地点、原因等具体信息。如在一篇介绍历史事件的文章中，要找出事件发生的时间、地点、参与者等。

数字细节：对于文章中的数字、百分比等信息要格外关注，这些往往是重要的细节。例如在经济类文章中，关于增长率、失业率等数字能反映经济状况。

逻辑细节：留意表示因果、对比、转折等逻辑关系的细节。如"Although he studied hard, he still failed the exam."这里的"although"表明了前后句的转折关系，体现出努力学习和考试失败之间的反差。

③做好标记与笔记：

标记关键信息：阅读时用不同符号标记不同类型的细节信息。比如用圆圈圈出数字，用下划线标注重要人物或事件等。这样在需要查找时能快速定位。

记录重要细节：对于复杂文章，可以简单记录下关键细节，包括其所在段落位置等。如在阅读一篇多段落的科技说明文时，记录下每段的主要内容和关键细节，便于梳理文章脉络和查找信息。

④加强专项练习：

针对性做题：通过做阅读理解、完形填空等专项练习题，训练找出细节信息的能力。在练习中总结不同题型的解题方法和技巧，如细节理解题要直接在文中找到对应信息，不能主观臆断。

分析错题：做完题后，分析错题原因，是没有找到关键细节，还是对细节理解有误。针对问题进行改进，不断提高找细节信息的准确性。

⑤提高阅读量与速度：

增加阅读量：广泛阅读不同题材和体裁的英语文章，如英文报纸、杂志、小说等。阅读量的增加有助于熟悉各种话题和语言表达，提高对细节信息的敏感度。

提升阅读速度：在保证理解的前提下，通过限时阅读等训练提高阅读速度。这样在考试等限时环境中，能够更从容地寻找细节信息，避免因时间紧张而遗漏重要内容。

6.辨别文章来源

（1）能力描述语

能识别不同文体的特征，把握语篇的结构以及语言特征，从而识别文章的来源。

（2）学习建议

①关注文章的主题与内容：

专业领域内容：如果文章涉及专业的学术知识、研究成果等，可能来自学术期刊或专业书籍。

大众科普内容：以通俗易懂的方式介绍科学知识、文化现象等，常出现在科普杂志或报纸的科普专栏。

新闻资讯内容：报道时事新闻、社会热点事件的文章，通常来源于报纸、新闻网站或新闻类 APP。

②分析文章的语言风格：

正式严谨风格：语言规范、用词准确、逻辑严密，多使用长难句和专业术语，一般是学术性文章，可能来自学术著作、专业论文等。如法律条文、医学研究报告等，语言风格就非常正式。

通俗易懂风格：文字简洁明了、生动形象，较少使用专业词汇，多采用口语化表达，常见于大众读物、通俗杂志或网站的生活类板块。例如，介绍美食制作的文章，语言风格通常比较轻松、易懂。

新闻报道风格：具有时效性，语言简洁客观，常包含事件发生的时间、地点、人物、原因、经过等要素，多使用被动语态和直接引语。这类文章一般来自新闻媒体。

③留意文章的结构与格式：

学术论文结构：通常有标题、摘要、引言、正文、结论、参考文献等部分，层次分明，逻辑严谨。如果文章符合这种结构，很可能是学术论文，大部分来源于学术数据库或专业学术期刊。

新闻报道结构：一般采用"倒金字塔"结构，即把最重要的信息放在开头，然后按照重要性依次递减的顺序展开。而且新闻报道常带有记者署名、发布时间等信息，可据此判断其来源于新闻媒体。

杂志文章结构：格式较为多样，可能有吸引人的标题、插图、分栏排版等。一些时尚杂志、娱乐杂志的文章，还会有大量的图片和色彩丰富的版式布局，很容易与其他类型的文章区分开来。

④注意文中的引用与参考信息：

学术引用：若文章中频繁引用其他学者的研究成果、数据，且有规范的参考文献格式，如 APA、MLA 等格式，大概率来自学术领域，可能是学术期刊、研究报告等。

媒体引用：文章中引用其他媒体的报道、数据，或提及与媒体相关的信息，如"据 XX 电视台报道"等，可能来源于报纸、新闻网站等媒体平台。

⑤归纳不同来源文章的特点：

阅读不同类型文章：广泛阅读各种来源的英语文章，如学术期刊、报纸、杂志、小说等，熟悉它们的特点和风格。

总结归纳：在阅读过程中，对不同来源文章的特点进行总结归纳，建立自己的知识体系。例如，将学术文章的语言特点、结构特点等进行整理，以便在遇到新文章时能够快速准确地判断其来源。

7.推断态度意图

（1）能力描述语

能在阅读人物轶事和与日常生活相关的短文，如简短的议论文、有关人生哲理的短篇散文时，推断作者隐含的观点和态度、分析作者的写作意图。

（2）学习建议

①关注词汇和短语：

情感词汇：注意文中出现的具有明显情感色彩的词汇，如amazing、terrible、wonderful等，这些词能直接反映作者或文中人物的态度。例如，作者描述一场演出用了fantastic、incredible等词，表明其对演出持赞赏态度。

语气词和副词：如fortunately、unfortunately、clearly、obviously等词，也透露出作者的态度倾向。如"Fortunately, the project was completed ahead of schedule."体现出作者对项目提前完成的欣慰。

②分析句式与语气：

强调句式：若作者使用强调句，如"It is...that..."结构，通常是为了突出重要信息，表达某种强烈的态度。例如"It is the team spirit that really matters in this competition."强调团队精神的重要性，反映作者对其的重视。

虚拟语气：虚拟语气常用来表达假设、愿望、遗憾等情感。如"If only I had studied harder, I could have passed the exam."表明作者对过去没有努力学习的后悔态度。

③研究文章的体裁和结构：

议论文：作者一般会在开头提出论点，然后通过论据进行论证，其态度意图通常体现在论点表达上和论证过程中。例如，一篇关于环保的议论文，作者通过列举环境污染的危害来支持其呼吁加强环保的观点，可看出作者对环保的积极态度。

记叙文：作者的态度意图可能蕴含在对事件的叙述、人物的描写以及故事的结局中。比如，在描述主人公克服重重困难最终取得成功的故事里，体现出作者对坚韧精神的赞扬。

④考虑上下文语境：

联系前后文：孤立的句子可能难以准确判断作者的态度意图，要结合上下文来理解。比如一个词在不同语境中可能有不同的含义和情感色彩。如"smart"一词，在"He is a smart businessman."中是褒义，而在"He gave a smart answer to the teacher."中可能带有贬义，指耍小聪明。

分析段落关系：段落之间的逻辑关系也能帮助推断态度意图。如果前后段落是递进关系，说明作者在进一步强调自己的观点；若是转折关系，则可能是在对比不同的情况或观点，从而突出自己的态度。

⑤了解文化背景和作者信息：

文化背景：不同文化背景下的表达习惯和价值观有所不同，了解相关文化背景有助于准确推断态度意图。例如，在西方文化中，对个人隐私比较重视，若文章涉及相关内容，作者的态度可能会受到这种文化观念的影响。

作者信息：如果知道作者的身份、职业、立场等信息，也能辅助判断其态度意图。比如一位环保主义者写的文章，通常会对环保事业持积极支持的态度。

⑥加强专项练习与反思：

专项练习：通过做阅读理解等专项练习题，集中训练推断态度意图的能力。在练习中不断总结方法和技巧，提高解题的准确性。

反思错题：分析做错的题目，找出自己推断错误的原因，是没有理解词汇含义、忽略了上下文语境，还是对文章结构把握不准确等，有针对性地进行改进。

校本课程建设成效与经验

经过不懈努力，靶向阅读教学校本课程的建设取得了不俗的成效，亦积累了可观的经验，现在汇总如下，抛砖引玉。

一、校本课程建设成效

1.参研教师教育理论素养、科研能力和水平得到稳步提升

在校本课程项目研究推进实施中，以"变革教学方式、提高学生英语关键能力"为突破口，一方面促进应用实验，另一方面对本校外语组教师起到示范和带动作用，进而为课题研究积累了鲜活而丰富的实践经验。事实表明，自该课程实施以来，课程组教师积极参加科研活动，特别是带动一批中青年教师参与科研，加强了理论修养，撰写了教育教学论文，营造了一种教学与科研相辅相成的良好氛围。该课程实施以来，参研教师完成国家、省、市级课题5项，2项获市级教学成果奖；发表教改论文10余篇；出版专著2本；省、市级论文获奖11篇；国家、省、市级教学比赛获奖近20次；全国学术研讨会成果展示活动8项；市级（市域）研讨会成果展示活动9项；省、市级课例获奖（展播）近30个；市级（市域）专题讲座10项；编写校本教材12册，走在全省前列。值得一提的是，该案例入选《新课标下中小学英语教学优秀案例集》并正式出版。该课程负责人于

2022年4月被芜湖市教育局授予第一批"芜湖市名师"。毋庸置疑，该校本课程项目研究对教师的专业发展起到了前所未有的推动作用。

2.学生的策略运用意识被唤起，自主学习能力得以发展

学生运用"学习理解—应用实践—迁移创新"策略的意识被唤起，促进了自主学习能力的发展。元认知理论认为，人的意识的最高形式是自主意识，元认知的实质是人对认知活动的自主意识、自主反省与自主调控。阅读能力已经不仅仅是获取信息的能力，更重要的是它涉及个人的认知能力和社会参与能力。在培养学生关键能力的要求下，阅读能力更加强调阅读的趣味性和社会性，同时突出终身阅读习惯和能力培养的重要性。在实施中，该课程组承担的英语教学充分发挥"三新"背景下"学生为主体进行前置性学习理解，教师为主导引领学生进行应用实践和迁移创新"的优势，运用元认知理论去培养学生的自主学习能力，调动学生学习的主动性、自主性、自觉性，引导学生评价自己学习的效果，总结有效的学习方法，使他们学会学习，提高自主学习的能力。比如，在"改变了过去阅读课堂中一遇到不喜欢的内容就不想听的状况"选项中表示"这样做了，效果很好或效果较好"的学生人数所占的百分比由29.99%增长到60.18%，净增长30.19%；表示"没有这样做"的人数下降幅度为12.71%。在"懂得高效地运用阅读技能策略来靶向阅读学习"选项中表示"这样做了，效果很好"的学生人数所占的百分比由12.6%增长到29%，净增长16.4%。在"课前课中课后逐渐愿意并喜欢勤思好问"选项中表示"这样做了，效果很好"的学生人数所占的百分比净增长15.05%。在"习惯了阅读问题靶点诊断发现自己的强、弱项来助力阅读能力提高"选项中表示"这样做了，效果很好"的学生人数所占的百分比净增长18.95%。在"带着问题和要求去深入进行每一项阅读微技能的学习和练习"选项中表示"这样做了，效果很好"的学生人数所占的百分比净增长17.16%。此外，在"课前习惯了预习阅读导学案和完成老师布置的课前阅读任务"选项中表示"没有这样做"的学生人数所占的百分比下降了11.26%。在"逐渐发现不惧怕阅读知识的记忆与测试"选项中表示"没有这样做"的学生人数所占的百

分比下降了12.2%，等等。

3.学生英语能力得到相应提高，主体意识和参与意识得以增强

调查和测试表明，学生在听力、阅读能力、语言知识、句法结构、写作能力和用英语表达的能力都有相应的提升，尤其是从写作水平前后测成绩的对比可以看出，学生的总体水平得到大幅度提高。普通高中英语"一核三翼五驱"靶向阅读教学的实施为学生提供了自主学习和相互交流的机会，以及对靶向学习能力的提升进行自我评估和反省的机会，尊重学生的主体意识，使他们在靶向学习能力得到大幅度提升的同时，充分发挥潜能与创造性，做到了以学生为中心，贯彻了新课程"生本发展"的理念。该课程实施以来，实验班学生在全国、省、市级比赛中取得了优秀表现：实验班总人数1156人，共有382人获一、二、三等奖，占比达33%，获奖人数是对照班的3倍。实践证明，该校本课程的实施，带动了学生听、说、看、写能力的提升，其学习的积极性、主动性、策略意识、阅读技能等得到了发展。

二、校本课程建设经验

第一，统筹规划，科学安排，提升学生参与的热度、深度和进取度，避免时间问题成为实施靶向阅读教学的障碍。靶向阅读教学全要素靶点诊断、全方式推进个性化培养、全方位聚焦核心素养、全过程教学评一体化，要求实验班学生必须抽出足够多的时间确保其可行度和效度。因此，开展诊测教育、个性化教育和素养教育，增强课堂吸引力，让学生课下"忙"起来，提高学生主动参与各个环节和各项活动的积极性，提高整体安排的科学性、系统性、适时性，进而跨越时间屏障。

第二，立足学情、切中靶点，加强设计或选编诊测试题的专业性和科学性，避免试题存在专业水准低和科学性欠缺的弊端。诊测试题的设计或选编仍有不合理之处，很多时候教师将诊断性测试当作水平测试来对待，不能准确找到学生阅读存在的问题靶点，难以增加靶向教学的针对性。测

试题型单一，导致学生不注重语言输出的学习和高级思维的培养。因此，应立足问题靶点和切中学生弱项来设计服务于靶向教学目标的、足以提高学生自我效能感的测试内容。

第三，关注群体、兼顾个体，注重靶向阅读教学的个性化和评价体系的科学化。依托测评数据分析、教材与学生分析，确立教学目标，定位教学重难点，制订教学计划，调整课程进度，选择教学策略，进而增强教学的个性化和针对性。通过"诊断性评价"的驱动，引导学生挖掘、加工、整理阅读学习中的问题靶点，激发学生学习活力，促进学生学习能力的发展。"课前阅读靶点诊断"变革了学生阅读学习表现不佳的呈现方式，突破了教学评的呈现顺序，"以学定教、以评促学"优化了课堂教学结构，实现了精准化教学。

"三新"背景下的普通高中校本课程建设会持续升级，接下来我们将致力于解决如下几个问题：

第一，在提高普通高中学生阅读能力等关键能力的基础上，如何进一步发挥靶向阅读教学对学生核心素养发展的促进作用。

第二，如何更好地让智慧课堂赋能靶向阅读教学，让靶向阅读教学既能推而广之，又能与时俱进。

第三，如何让该校本课程的教与学的评价更直观、更量化，更具科学性和参考性。

教学实践篇

补益靶向阅读学习的产出导向型
读写结合模式实证研究

　　高中英语靶向阅读教学的重要闭环便是课后查缺补益阅读学习。补益靶向阅读学习的产出导向型读写结合模式，不仅有利于学生深化对文本的理解，思考文本主旨、作者意图，领会文本的深层内涵，还有利于学生丰富语言知识，感知文本表达的语法结构，培养阅读策略等，最终使学生提升思维品质，评判阅读内容、结构、语言优缺点，提出见解，从新角度理解文本，发现独特意义。基于此，为了增强学生的阅读动力，将读与写结合给阅读赋予写作目的，这样，学生为完成写作任务会更加积极地阅读。同时，学生会在写作文的过程中，体会成功利用所学表达的快乐，增强阅读自信和兴趣。可见，对比传统读写结合教学，补益靶向阅读学习的产出导向型读写结合模式契合了靶向阅读教学中课后查缺补益阅读的应然要求，具备可行性和有效性。

一、研究缘起

　　新时代背景下，教育改革持续深化，高中英语教学应重视学生对技能的综合运用，在关注学生听、说、读、看、写等技能发展的同时，通过各项技能运用的内在一致性展开教学检测。阅读和写作作为高中英语教育中学生语言、情感、认知和思维发展综合体中的两项重要内容，二者的认知结构在一定程度上存在相似性，支持着对学生综合语言能力的培养。读写结合教学可辅助教师展开对英语教材的二次开发，强化教学效果，营造良好的教学氛围，适应新课标下教学理念转变、教学方式多样化的要求。一方面，建构有意义的教学课堂是提高学生学习效果的关键，教师可通过对教学内容的合理整合，引导学生提升自身综合能力。另一方面，因语言知识存在多样性和复杂性的特点，学生在学习和运用语言知识的过程中难免出现丧失目的性的情况，培养学生对语言知识的运用能力是新课标下高中英语教学的必然趋势。

高中英语教师应对阅读和写作教学进行科学整合，创新二者的结合模式，深化探索提升学生综合读写技能的方法。但高中英语综合性读写教学却并非易事。高中英语读写教学中，教师往往侧重语言输出和学生阅读文本输入，在一定的课堂教学时间内灌输式传授尽可能多的读写知识和技能，极大程度上压缩了课堂教学中学生的输出时间，无法在有限的时间内实现对学生综合读写能力的培养锻炼。虽然，高中英语读写教学中读与写分离的现象已经受到教师的重视，但因教学理论和实践模式不足的影响，导致高中英语读写结合教学模式缺乏多样性，无法适应新课标下的个性化、多元化教学需求。产出导向理论在强调结果的前提下，重视产出发生过程，也就是实现输入性学习和产出性运用的有机结合，融会贯通（文秋芳，2015）。可见，产出导向理念及其教学流程与高中英语新课标背景下的读写结合教学理念具有极高契合度，可有效实施语言技能的训练活动。从产出过程优劣的角度，培养学生对产出结果的自我评价能力，提升学生对知识的综合运用能力，有助于解决目前高中英语教学中"学用分离"问题（张文娟，2016）。基于此，结合产出导向理论和高中英语靶向阅读教学实践，对补益靶向阅读学习的产出导向型读写结合模式进行设计，旨在创新高中英语读写结合教学方法，提升学生综合语言能力，进一步提高教学质量。

二、研究设计

1.研究对象

研究对象为某高中高二年级的两个平行班，每个班级有50名学生。两个班级的英语成绩差异较小，对综合读写能力的认知差异不显著，作为研究对象具有较高合理性。但因课时限制，课堂读写结合的教学时间较少。两个班级的学生在高一教学阶段中均接受读写训练，包括概要写作和读后续写两种类型，但对于高中英语读写教学缺少深入了解，教师有必要创新读写教学模式，提高教学质量和水平。研究期间，两个班级由同一教师任教，使用译林版牛津高中英语（2020年版）教材，保持一致的教学进度，最大程度上确保教学活动的一致性和稳定性。

2.研究方法

（1）问卷调查

研究中采用的调查问卷是基于《中国英语能力等级量表》，通过对教师和学生读写结合能力构念问卷，结合高中生在英语学习过程中的实际情况，得出构成读写结合能力构念的关键要素，如表1所示。问卷采用李克特五级量表形式，1至5分别代表非常不符合、不符合、基本符合、符合、非常符合。该量表将材料理解、推理、信息识别等多方面能力作为读写结合能力的支撑要素，具有一定合理性。

表1　读写结合能力调查问卷

题目	选项
维度1:读写结合—写作	
1.建立逻辑关系连贯内容	1,2,3,4,5
2.检查梗概概括原文的全面性和有效性	1,2,3,4,5
3.利用寻求段落主题、语法结构等方法	1,2,3,4,5
4.以替换或修改方式完成写作	1,2,3,4,5

续　表

题目	选项
5. 修改抄袭内容	1,2,3,4,5
维度2:读写结合—思考—提取构建	
6. 提取表达方法	1,2,3,4,5
7. 避免抄袭内容	1,2,3,4,5
8. 提取主要内容	1,2,3,4,5
9. 概述材料要点	1,2,3,4,5
10. 梳理内容逻辑,合理安排结构	1,2,3,4,5
维度3:读写能力—阅读—概括评价	
11. 简化细节,抽象论点	1,2,3,4,5
12. 比较同主题多篇文章	1,2,3,4,5
13. 评价材料结构	1,2,3,4,5
14. 评价词汇使用,内容逻辑关系使用	1,2,3,4,5
维度4:读写能力—阅读—识别理解	
15. 准确理解材料词汇意义	1,2,3,4,5
16. 准确理解材料句子	1,2,3,4,5
17. 预测材料内容	1,2,3,4,5
18. 预测材料内容逻辑关系	1,2,3,4,5
维度5:读写策略—读写—规划	
19. 依照写作目的,规划阅读策略	1,2,3,4,5
20. 依照写作目的,规划阅读目标	1,2,3,4,5
21. 结合考试实践,规划读写过程	1,2,3,4,5
维度6:读写策略—读写—执行	
22. 识别任务需求	1,2,3,4,5
23. 对照原文,检查语句	1,2,3,4,5
维度7:读写策略—思考—转化	

续 表

题目	选项
24.聚焦材料主要信息	1,2,3,4,5
25.构建读写之间的关系模型	1,2,3,4,5

检测量表信度，如表2所示，克朗巴哈系数为0.924，大于0.70，证明量表具有较高的信度，可行性、一致性良好。

表2 读写结合能力量表信度分析

克朗巴哈系数	项数
0.924	25

而量表效度主要体现在结构效度方面。对量表中各维度展开相关性分析，结果如表3所示，可见量表各维度在0.495—0.845间相关，各维度和总分在0.764—0.881间相关，证明该量表效度良好。

表3 读写结合能力量表效度分析

	总分	维度1	维度2	维度3	维度4	维度5	维度6	维度7
总分	—							
维度1	.865**	—						
维度2	.881**	.845**	—					
维度3	.812**	.643**	.666**	—				
维度4	.830**	.719**	.684**	.622**	—			
维度5	.804**	.643**	.695**	.632**	.567**	—		
维度6	.764**	.579**	.576**	.538**	.568**	.495**	—	
维度7	.861**	.688**	.702**	.651**	.681**	.631**	.618**	—

（2）实验测试

概要写作作为典型的读写结合任务，可有效反映学生对课堂教学的理解和掌握程度，匹配本文问卷调查量表。在实验前后采用概要写作试卷进行写作测试，试卷材料来自浙江省高考试题，信度和效度均较高，两篇测试难易程度、长度相当，要求学生阅读350词的短文并在30分钟内完成60词左右的概要写作，实验前后测试分值相同，均为25分，测试前已确认全部研究对象接受试卷测试。

（3）概要写作评分标准

研究中对概要写作测试的评分标准进行界定，如表4所示。

表4　概要写作评分标准

评分标准	内容
准确性	单词拼写无误;语言使用得当,无语法错误,原文理解准确
连贯性	使用恰当连接词连贯全文内容
完整性	分析原文主次信息,几乎覆盖原文全部信息要点,无重点遗漏
简洁性	使用扼要语言简写长句,避免出现啰嗦、冗长的情况
规范性	避免抄袭,字迹整洁清晰,正确使用标点符号

3.研究过程

研究共5个月，实际教学17周，一周2个课时读写结合课程。实验班采用产出导向型读写结合教学模式，对照班采用传统读写结合教学模式。研究过程包括三个阶段：实验前，对两个班级统一进行问卷调查和概要写作测试，详细了解两个班级学生的读写结合能力及概要写作成绩差异，分析其读写结合能力各维度情况；实验中，由同一任课教师教授两个班级，保持教学水平、进度上一致，并在实验过程中不断完善产出导向型教学模式；实验后，再次进行问卷调查和概要写作测试，对比前后调查数据和测试成绩，得出相关结论，总结经验。

三、补益靶向阅读学习的产出导向型读写结合教学模式设计

1.补益靶向阅读学习的产出导向型读写结合模式设计

《普通高中英语课程标准（2017年版2020年修订）》中指出，高中英

语课程内容主要包含六个要素：主题语境、语篇类型、语言知识、文化知识、语言技能和学习策略。对于高中英语教学而言，仅有阅读输入，语言知识常表现为静态，一旦加上输出驱动，语言知识则能在输入输出的双重驱动下实现向语言能力的转化（邢文骏，2017；闫旭东，2019）。读写结合教学模式正是由输出驱动，以阅读输入为主要教学手段，以语言（写作）输出为最终目的的一种教学模式，如图1所示。

图1　读写结合模式认知过程

基于产出导向教学理念和"输入促成，输出驱动"理念，结合高中英语读写教学实际状况，由教师主导展开产出导向型读写结合课堂教学，教学流程如图2所示。

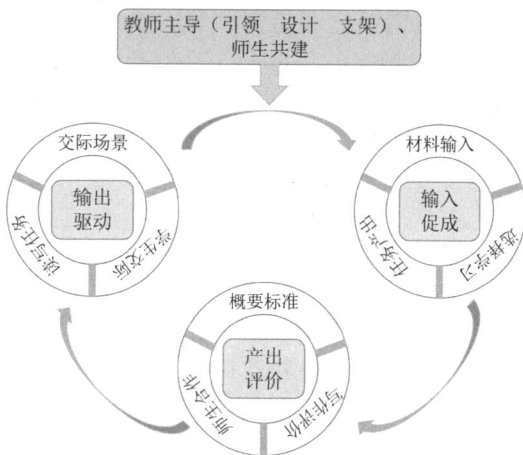

图2　产出导向型读写结合教学模式流程

（1）输出驱动环节

输出驱动环节的详细流程如图3所示。驱动环节中，各流程紧密相关，教师侧重对产出任务的内容和要求进行设计。首先，教师通过启发性问题、语言描述或情景游戏等营造交际环境，关联后续阅读材料及任务。之后由学生尝试产出，方式包括口述报告、简要写作、小组讨论、对话总结等，在此过程中任务难度应比学生实际能力水平略高，促使学生认识自身不足之处。最后，由教师依照学生完成任务的情况展开评价，进一步阐明任务目标。

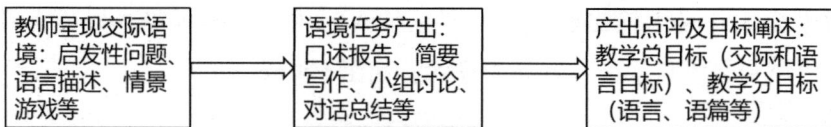

| 教师呈现交际语境：启发性问题、语言描述、情景游戏等 | → | 语境任务产出：口述报告、简要写作、小组讨论、对话总结等 | → | 产出点评及目标阐述：教学总目标（交际和语言目标）、教学分目标（语言、语篇等） |

图3　输出驱动环节流程

（2）输入促成环节

输入促成环节主要包括内容促成、结构促成和语言促成三方面内容。促成环节开始前，教师应明确每层面教学目标及方式，输入促成环节的详细流程如图4所示。这三个步骤承上启下，紧密相连。首先，教师回顾上一环节出现的不足之处，综合考虑学生能力水平、教学目的以及活动类型三个方面，认真选取与产出任务相关的材料输入。之后，判断材料的适用性，包括材料长度、主题紧密度和易读度等。最后，将材料转换为促成活动，并确保活动有效。

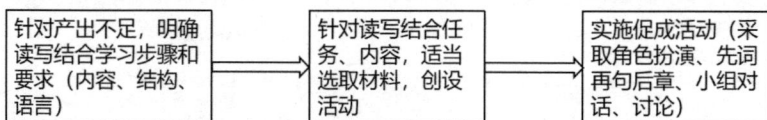

| 针对产出不足，明确读写结合学习步骤和要求（内容、结构、语言） | → | 针对读写结合任务、内容，适当选取材料，创设活动 | → | 实施促成活动（采取角色扮演、先词后章、小组对话、讨论） |

图4　输入促成环节流程

（3）产出评价环节

评价环节主要分为课前、课中和课后三个部分。课前评价应根据渐进性、典型性确定评价重点，然后制定评价目标，选取典型样本。课中评价主要侧重评价的实施，引导学生独立思考，展开自评、小组评价和师生合作评价。课后评价主要是由教师引导学生进行任务文本的修改。评价环节的重点是课中评价，以师生合作评价为主要方式。产出评价环节的详细流程如图5所示。

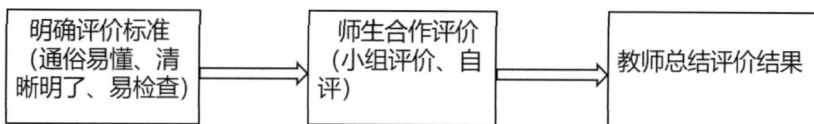

图5 产出评价环节流程

2.补益靶向阅读学习的产出导向型读写结合教学设计案例

展开为期5个月的产出导向型读写结合教学模式实验，对照班采用传统读写结合教学模式，实验班采用产出导向型读写结合教学模式，由同一教师任教，保持两个班级教学进度和水平一致。

研究以译林版牛津高中英语（2020年版）选择性必修三第二单元Extended reading部分"Why we explore"的产出导向型读写教学设计为例。该案例遵循产出导向法基本步骤，包含输出驱动、输入促成、产出评价三个环节，并根据教学实际情况进行修改，下面重点阐述教学目标和教学流程。

（1）教学目标

输出驱动环节目标：使学生充分认识自身对"为什么探索太空"主题的相关语言表达的能力不足，缺乏整合信息技能；激发学习热情，树立正确的学习动机，继而在课堂学习过程中发挥有意注意的积极作用。

输入促成环节目标：第一，在情感目标上，了解太空探索对人类社会发展的重大意义；第二，在能力目标上，对阅读信息进行分析、提取、辨别和整合，掌握阅读文章的结构，构建基本的写作框架，采取适当关联词和语义逻辑词以保证概要内容连贯；第三，在语言目标上，提取材料中的语言要点以及相应的句子结构、词汇等。

（2）教学流程

输出驱动环节：步骤一，教师设计情景，以视频短片的方式，呈现太空探索的历史资料，让学生知晓人类为了太空探索所做出的努力和成果。步骤二，布置产出任务，针对以上情景，要求学生以4人一组展开小组讨论，后选取学生代表进行详细介绍。步骤三，简要评述讨论情况后，阐明教学总目标和分目标，明确最终产出任务是经过阅读文本的学习，进行概要写作。

输入促成环节：步骤一，明晰子任务，快速阅读语篇材料，首先分析材料大致结构脉络，依照自身理解总结各部分主旨，然后对材料中的关键信息进行提取，记录下来。步骤二，依照上一步骤所呈现的结果，要求学生在了解信息的基础上，对"为什么探索太空"进行合理分析。步骤三，为学生提供有关太空探索的相关阅读材料，保证这些材料与教学主题有很强的关联性。将班级学生自由分为6组对阅读材料进行讨论，在既定时间内选出可作为最终产出的相关内容。

产出评价环节：步骤一，依照课前预设的目标制定评价标准，如表4所示。步骤二，由教师引导学生相互交换文稿进行评价，并给出评价原因。步骤三，教师对各组概要写作样本进行总结，肯定合理之处，并对不恰当的评价进行修正。之后，要求每个小组依照评价意见进行反思，课后认真修改写作内容。

四、研究结果分析

1.问卷数据分析

实验开始前，对两个班级学生进行问卷调查，共发放问卷100份，收集有效问卷100份，整合记录数据，如表5所示。可见，实验班和对照班在各维度上P值均大于0.05，证明二者间差异不明显。

表5　实验前问卷调查描述性统计

项目	均值		标准差		P
	实验班	对照班	实验班	对照班	
维度1	3.07	2.96	0.629	0.654	0.368
维度2	3.30	3.27	0.722	0.581	0.879
维度3	2.72	2.82	0.719	0.679	0.499
维度4	3.14	2.95	0.788	0.666	0.196

项目	均值		标准差		P
	实验班	对照班	实验班	对照班	
维度5	2.99	2.95	0.856	0.774	0.807
维度6	3.16	3.20	0.876	0.821	0.769
维度7	3.02	3.05	0.851	0.701	0.848

　　经过5个月的教学实验后，再次对学生展开问卷调查，整合问卷数据，得到总体描述性统计如表6所示。

表6　实验后问卷调查描述性统计

项目	均值		标准差		P
	实验班	对照班	实验班	对照班	
维度1	3.38	3.04	0.718	0.523	0.006
维度2	3.48	3.13	0.809	0.605	0.016
维度3	2.97	2.86	0.841	0.585	0.492
维度4	3.34	3.05	0.764	0.562	0.033
维度5	3.37	3.16	0.840	0.697	0.184
维度6	3.42	3.08	0.841	0.823	0.044
维度7	3.37	3.31	0.856	0.661	0.696

　　总体来看，实验班在维度1、2、4、6四个维度上P值小于0.05，具有显著差异；而在维度3、5、7三个维度上P值大于0.05，无显著差异，以维度7尤为突出。对实验班和对照班在实验前后各维度的变化进行分析。根据上述数据可知，实验班在经过产出导向型读写结合教学后，其读写结合写作能力均得到提升，各维度平均涨幅差异较小，维度1、5、7三个维度涨幅突出，证明该教学模式有利于提升学生读写结合—写作、读写策略—读写—规划和读写—思考—转化三个层面的读写结合能力。对照班学生在维度1、3、4、5、7五个维度层面上存在提升，而在维度2和6两个层面上下降也较多，说明传统读写结合教学模式无法实现全面的读写结合

写作能力提升，并不利于学生提取构建能力和反思检查能力的培养。

2.概要写作成绩数据分析

实验前后概要写作测试的评卷人为研究对象所在高中的英语任课教师，共3人。研究对象概要写作的最终成绩为3次得分的平均分，实验前后测评成绩均为相同3名任课教师所评。

对实验前后实验班和对照班概要写作成绩进行整合，如表7所示。同时对实验前后实验班和对照班的成绩进行方差方程的Levene检验，检验结果如表8所示。

表7　实验前后两个班级测试成绩统计

	极大值	极小值	均值	均值标准差	标准差	方差
实验班前测	22	2	16.46	.659	4.661	21.723
对照班前测	22	4	15.94	.534	3.776	14.262
实验班后测	23	10	18.64	.426	3.015	9.092
对照班后测	22	9	17.36	.427	3.022	9.133

表8　实验前后两个班级测试成绩方差方程的Levene检验结果

—		方差方程的Levene检验		均值方程的t检验						
		F	Sig	Sig（双侧）	t	df	均值差值	标准误差值	差分的95%上限	置信区间下限
实验前测成绩	假设方差相等	.366	.546	.541	.613	98	.520	.848	-1164	2.204
	假设方差不相等			.541	.613	93.960	.520	.848	-1.164	2.204
实验后测成绩	假设方差相等	.006	.939	.037	2.120	98	1.280	.604	.082	2.478
	假设方差不相等			.037	2.120	98.000	1.280	.604	.082	2.478

由实验前测试数据可知，实验班和对照班概要写作成绩差异较大，Sig值为0.546，大于0.05，P值为0.541，大于0.05，证明两个班级概要写作成绩间并无明显差异，实验具有可行性。由实验后数据可知，实验班测试成

绩高于对照班1.28分，且极大值和极小值均高于对照班，两个班级的标准差值相当。同时，据Levene检验可见，Sig值为0.939，大于0.05，证明数据为正态分布。P值为0.037，小于0.05，表明实验后测数据存在显著差异。可见产出导向型读写结合教学模式同传统读写结合教学模式对概要写作的影响存在区别，证实产出导向型读写结合教学模式具有一定优势和可行性。

为进一步直观呈现实验前后两个班级概要写作成绩的变化情况，考虑概要写作分值为25分，选取5个分值区间绘制成绩走势图（横坐标为分值区间，纵坐标为人数），如图6（a、b）所示。

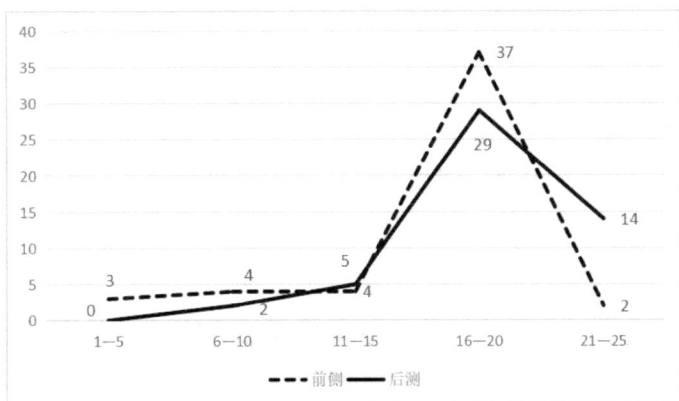

（a）实验班

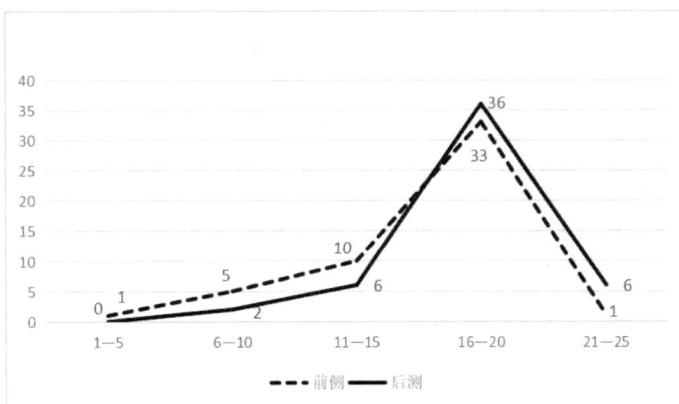

（b）对照班

图6 实验前后两个班级成绩对比变化

从图6（a）中可知，实验班前后测试成绩在21—25分值区间内的变化最为显著，在1—5、6—10、16—20分值区间的学生人数均下降。总体来看实验班在实验之后高分段人数明显增多，低分段人数有所下降，证明产出导向型读写结合教学模式可提高学生概要写作成绩，但部分学生提升幅度较小。

从图6（b）中可知，对照班在1—5、6—10、11—15分值区间内的学生人数均下降，而在16—20、21—25分值区间内的学生人数增多，且在21—25分值区间上升明显。但对比实验班，对照班整体上升幅度较小。这证明传统读写结合教学模式不利于不同水平学生概要写作成绩的提高。

五、研究结论

通过定性和定量相结合的研究方法，采用问卷调查、概要写作实验测试，对补益靶向阅读学习的产出导向型读写结合教学模式展开研究，得出如下结论。

第一，补益靶向阅读学习的产出导向型读写结合教学模式可显著提高高中生的英语读写结合写作能力。补益靶向阅读学习的产出导向型读写结合教学模式对学生读写结合写作能力的影响主要体现在三个方面：一是读写结合—写作、读写结合—思考—提取构建这两个维度在补益靶向阅读学习的产出导向型读写结合教学实验后提升较大，学生可对文章的逻辑关系进行合理地构建，采用有效的关联词和逻辑词保证写作过程中的内容连贯性，并且可有效提取出阅读材料中的主要内容信息和表达方法。二是读写能力—阅读—识别理解的能力明显提升，学生可精准把握阅读材料的逻辑关系，充分理解内容。三是读写策略—读写—执行的能力得以提升，学生能够对目标任务要求进行精准地识别，对照要点完成对写作内容的仔细检查。通过实验班和对照班概要写作成绩的变化可见，经过补益靶向阅读学习的产出导向型读写结合教学后，学生在读写结合—写作、读写能力—阅读—概括评价、读写策略—读写—规划、读写能力—阅读—识别理解和读写策略—思考—转化这五个维度上得到明显提升，其他维度提升幅度较小。此外，对照班学生在读写结合—思考—提取构建和读写策略—读写—执行两个维度上的均值有所下降，证实传统读写结合教学模式无法实现对学生多维度读写结合写作能力的全方位提升。

第二，补益靶向阅读学习的产出导向型读写结合教学模式可显著提高学生概要写作成绩。根据实验前后测试的成绩对比分析来看，实验前，两个班级在概要写作成绩上并无显著差异；实验后两个班级差异变化明显。采用补益靶向阅读学习的产出导向型读写结合教学模式的班级学生成绩提升较大，高分段学生人数明显增多。虽然采用传统读写结合教学模式的班级学生成绩也有一定提高，但整体提升幅度较小，且高分段人数增加不多。由此可见，传统读写结合教学模式和补益靶向阅读学习的产出导向型读写结合教学模式均能提升学生概要写作能力，但补益靶向阅读学习的产出导向型读写结合教学模式提升更为全面，效果更好。

"靶向育人理念"引领下
高中英语"三新"教学探索

为了让高质量教育教学的种子在"三新""双减"背景下生根发芽、开花结果,"靶向育人理念"引领下高中英语教学改革的实践探索或将成为我国高中英语教学的发展方向,对我国高中阶段英语教学改革产生一系列的反拨作用。高中英语教育教学改革应该把重点放在通用英语知识的学习掌握上,同时还应该兼顾英语的实用性。从"靶向育人理念"视角看高中英语教学改革实践,英语教学应以需求分析为基础和首要思考问题来确定教学目标、制订教学计划、调整课程设计,同学生未来升学学习和职业生涯发展相衔接。

一、"靶向育人理念"引领下高中英语"三新"教学的理论内涵

"靶向育人理念"引领下高中英语"三新"教学的三大原则是需求分析、以学生为中心和真实性,其中"需求分析"是根本,"以学生为中心"是过程,"真实性"是灵魂。

"靶向育人理念"引领下高中英语"三新"教学的核心理论是运用"需求分析"的思想,以揭示学习者的需求及其学习目的,不仅要肯定需

求存在，还要对这种需求进行再认识再定位。也可以说，"需求分析"的思想是"靶向育人理念"引领下高中英语"三新"教学首要的、基础的步骤，是寻求"教什么"与"怎么教"的过程。"靶向育人理念"引领下高中英语"三新"教学要以需求分析为基础来确定教学目标，制订教学计划，调整课程设计。

由此形成"靶向育人理念"引领下高中英语"三新"教学的三个根本特点：课程设置必须满足学习者的特别要求；课程必须在内容上，即主题和论题上，跨越某些特定的学科且与某些特定的职业及活动有关；重点把握词法、词汇、篇章结构与语言运用。

二、"靶向育人理念"引领下高中英语"三新"教学对转变教学理念的启示

（一）教学理念

"靶向育人理念"引领下的高中英语"三新"教学理念十分人性化，其中"需求分析"是根本，"以学生为中心"是过程，"真实性"是灵魂，三大原则贯穿于这种组织方式中，相互融合辅助，目标明确，形式灵活，学习直接指向实用。

首先，在寻求"教什么"与"怎么教"的过程中，将"需求分析"放在首位，教学的起始问题是最为基础的问题。我们要对学生的学习需求负责，对学习目标以及所学知识的用途负责，同时，要对国家需求、经济需求、文化交流需求、社会需求负责，以及对本学科培养实用人才的水平和能力负责。"靶向育人理念"引领下的高中英语"三新"教学理念使教学建立在需求基础上，这是教学的意义和价值，也是教育实施方对教学负责的一种积极表现。所以，以"需求分析"为基础和首要思考问题来确定教学目标、制订教学计划、调整课程设计是非常有必要的。

其次，"以学生为中心"建立需求分析研究过程，对高中生学习英语

的"必要、缺乏和向往"进行问卷调查及测量。在此过程中，教师能够了解高中生"为什么学习英语"，"想怎样学习英语"，"英语的使用目标和范围"，"英语对其未来生活和工作的影响"等。学校基于"一切为了学生"的服务宗旨，利用英语新课程环节或课外兴趣小组活动来辅助学生掌握其所需要的英语技能。这能使学生主动参与到快乐的英语学习中，促进乐学的种子萌芽，也为打造英语专门人才打下良好基础。

最后，将"真实性"融入英语学习的整个过程，包括教材内容选用真实语料，课内外练习均体现跨文化交流背景和跨学科互通背景。学习"真实的语篇"与完成"真实的学习任务"构成了新鲜生动的英语学习过程。这是当前"三新"背景下精准实施高中英语高效教学的旨归。

（二）教学目标

重视学习者的需求是"靶向育人理念"引领下高中英语"三新"教学的独特之处，即学习者带着学习英语的目的和意义去学习他们认为"十分有用"的英语。这样，学习者会参与到"三新"教学中来，师生共同研究与合作，如学生提出"实施具有特殊指导及目的明确的语言教学途径"和"落实教学、自学及实践等必要过程"等。可见，教师教学目标即学生学习目标，二者和谐统一。所以，在共同追求目标的过程中，教师需要树立起全新的"三新"课堂教学观念，尊重以学生为主体的教育思想和理念，鼓励学生对该课程总体教学目标和阶段性教学目标提出建议，倡导学生积极配合教师一起向"成为拥有听、说、读、看、写、译的英语技能和交际能力的人才"的目标努力，从而促使共同目标的最终实现。此过程中，教师与学生之间是平等互利的合作关系，是互帮互助的团队关系。

（三）课程设计

"靶向育人理念"引领下高中英语"三新"教学的课程对学习者的需求进行了具体细化，根据需求内容再分为"目标情景需求"和"学习情景需求"，继而明确"教什么"。结合《课标》，从"靶向育人理念"引领下的高中英语"三新"教学视角看高中英语课程设计，会发现以下几大空白需要填补。

第一，英语认知教育内容。英语认知是对英语本质特征的认识，是英语学习的本质。英语认知不仅包括语言学方面的，还包括元认知、隐喻认知和体验式认知等。这个环节十分重要，拥有此环节，有助于学生对英语知识内化于心、外化于行。

第二，促进心智发展和核心素养内容。用英语思考问题、分析问题和解决问题的过程是活学活用语言工具的过程，也是语言促进人的心智发展的过程。在这个过程中，突出了英语的工具性与人文性的统一，英语的国际通用性、文化传播力、语言结构特点，以及英美国家的全球影响力，共同奠定了英语的独特地位。拥有此环节，有助于学生提升"用英语做事"的语言运用能力，形成初步的跨文化意识和跨文化交际能力；阅读外国典籍、学习外国先进经验以及进行语言文化交流。

第三，口语强化训练内容。学习英语的目的就是加强人与人之间的交流，听、说是英语最基本的交际能力，也是最重要的英语实际应用能力。缺失此环节是造成"哑巴英语"的直接原因。

第四，实用交流环境。只有在生活中经常使用英语，才能使英语学习收效显著。高中学校需要设置英语实用交流环境，拥有此环节，有助于营造英语学习氛围，利于学生的语言实践。

第五，课程实施过程中对学生实际英语应用能力的多元化测评方法。为实现英语的基础性与应用性的均衡和统一，找到既能实现英语素养教育又能实现英语应试结果的适恰点，需要对学生学习和应用效果建立科学的评测准则和方法，并在学生语言应用的过程中实施完成。测评办法可以在课上和课下整合完成，笔试与口试相结合，采用多元化评测方法，添加侧面评价以配合正面评估，以达到更好的评价效果。

第六，特长拔高选修内容。针对一些学有余力、学有志趣、学有专长的高中生，特长拔高选修内容的缺失无疑是一大缺憾。"靶向育人理念"引领下高中英语"三新"教学的培养方式和方法或将为我国高中英语校本选修课程提供思路和借鉴。

（四）教学测评改革

教学测评可分为对教师的"教"与学生的"学"两种测评。

教师"教"的测评要把关注点转向评价教学三大原则上，即前述的"需求分析、以学生为中心和真实性"。在教学中，评测教师是否以学生为中心、以学生需求为目标，研发多种可行且有价值的方法；是否营造一个富有成效的交流环境，教的内容是否真实；是否将英语技巧如知识空白、变化、预测、整合、准备、参与、创造和氛围等融入实际的教学过程；是否能促使英语教师和学生共同参与教学和教研。

学生"学"的测评主要以考核通用知识为主，兼顾能力模块组合考试。通用英语能力模块和专业用途英语能力模块组合的目的是兼顾不同考生的横向评估，实现专业领域的纵向评价，方便一专多能型英语人才培养的考评。再就是考试内容的侧重点设置，高中阶段应该以语言元素为出发点来设计对英语通用知识掌握的考核以及学生英语通用能力的考核。

三、"靶向育人理念"引领下高中英语"三新"教学探索

（一）教师成为"实践者"

"靶向育人理念"引领下高中英语"三新"教学的实施者称为"实践者"而非单纯的"教师"，这类教师有五种角色——教师、课程设计者、合作者、研究者、测试与评估者，这与当前"三新"和"双减"政策对教师的要求不谋而合。在教学过程中，这类教师对英语教学目标有更加全面和深刻的认识，更加清楚应该教给学生什么样的知识。从他们身上可见"知识"和"技能"是教学的基础，是教师最初受学生欢迎的原因；"态度"和"觉悟意识"是教学的根本，是教师长期受学生欢迎的原因。陶行知先生曾有论："要想学生好学，必须先生好学。惟有学而不厌的先生，

才能教出学而不厌的学生"，"做是发明，是创造，是实验，是建设，是生产，是破坏，是奋斗，是探寻出路"，"教育不能创造什么，但它能启发儿童创造力以从事于创造工作"。这些都告诉我们：教师不仅要传授语言、运用语言习得理论和教学法，还应具备教学实践的认知能力以及在教学过程中的自我反思、发现问题、研究问题和解决问题的能力。与此同时，基于学生需求，作为平等合作探究伙伴的教师对高中英语"三新"教学还要有更高的追求，即灵活思维及愿意冒险的教学实践。唯有这样，才能使高中英语课堂更活跃、学生感觉更享受，同时创造出一个更富有成效的交流环境。

（二）课程和教材设计

"三新"和"双减"背景下，高中英语课程和教材设计需要知识性和实用性并重，教材应基于最新的课程标准，以学生成长需求为基础，以真实性为原则，基于教学目标设计突出针对性和实用性，强调能力，并在此过程中坚持遵循一个最为重要的原则，即真实语料必须来自既定的目标情景、密切联系学生的学习目标和期望情景，杜绝教材选用语料的随意性和盲目性。对适切教材还需要进一步分析其真实性，迎合学生交际需要，坚持具有真实交际内容，坚持课程根据教材搭配以真实的交际环境和真实的交际任务。这使课程和教材在呈现方式与练习形式上体现实践性，在具体操作上打破传统教材的单一文字形式，充分利用网络多媒体等现代技术，结合音频、视频、图像等多模态方式使教学立体化。

（三）开设高中英语校本选修课程

高中英语校本选修课程的开设应在教育部印发的《基础教育课程教学改革深化行动方案》的基础上推行，在不影响正常高中课程的情况下给一些学有余力、学有志趣、学有专长的高中生提供学习更深层次知识的平台，感受高中英语校本选修课程的魅力，为拔尖创新人才提供有效培养和选拔机制。近些年，国内不少高中学校尝试开设了高中英语校本选修课程，其中英语选修课程内容主要是围绕板块知识和阅读、写作、对话、口译等技能要求设计的。比如，某高中学校2023年6月完成的芜湖市校本特色课程"高中英语思维型读写结合选修课教学"，立足校情学情，教材新颖，链接高考，教考衔接，得到了学生的积极反馈和广泛好评。

高中英语靶向阅读教学中运用
"续作查缺补益阅读"的实践与启示

一、引言

当前我国中学英语教学侧重于对学生阅读等单一技能的培养，不利于学生综合语言能力的发展。《课标》指出，在语言技能的教学中，要将专项训练和综合训练结合起来；在阅读训练中穿插看图预测、提取表格信息、读前、读后的讨论或写概要、续写等看、说、写的活动，避免孤立的单项技能训练。Tomasello（2003）认为，语言知识源于交际使用体验，而语言使用总是发生在语境中。在此基础上，中国学者王初明提出"读后续写"的二语学习与教学方法并进而将其上升为续理论。他指出，"续"的过程既能促进语言理解，也能刺激语言产出（王初明，2018）。语言交流中运用"续作"的推动，可以帮助学习者掌握多种技能，具有较好的促学效果。

结合目前英语阅读教学现状，能否以"续作"去攻克靶向阅读教学难点，获得更好的阅读教学效果？在阅读教学中，不同"续作"任务的开展可用于验证靶向阅读教学过程中"查缺补益阅读"环节的有效性。

二、理论依据

"续作查缺补益阅读"打破了原有的语言习得观，充分阐释了语言学习的内在本质。"续作"，指说话者在语言交际使用中承接他人的表述，阐述自己的思想，推动交流。一方面，"续作查缺补益阅读"可以为语言学习提供资源和支架，构建连贯衔接的模板，学习者顺着原文语篇而"续作"，并对其进行创造性地补全和拓展，以此体验语言使用，提升语言运用能力；另一方面，"续作查缺补益阅读"将语言输入与输出有机结合，学习者因"续作"而互动，进而产生协同效应，这有助于激活促学语言的积极因素，提高学习者语言学习的主观能动性。

协同效应是"续作查缺补益阅读"的主要理论基础，强调"协同"与"互动"相伴相生，这一点也在心理语言学领域得到证实。以 Pickering & Garrod（2004）为代表的学者在研究对话的语言理解与产出过程中发现，对话双方相互协同，表现为重复对方使用的语言结构。近年来兴起的互动协同模式及其相关研究（Atkinson，2014；Trofimovich & Kennedy，2014）认为协同可以促进人际对话的顺利进行，在交互过程中，话语人协调情景模式，达到语言协同，实现信息的交流和互动。语言学习因人际互动而产生发展，互动强则协同强，中国古代就有"近朱者赤，近墨者黑"的说法，所指的也是一种协同效应。王初明（2016）在阐述"学伴用随"教学模式的核心理念时指出，当学习者与本族语者对话互动时，学习者的语言产出与自己的理解协同，同时也与对方的话语协同，因协同而产生拉平效应，因拉平而提高自己的语言水平，这进一步解释了协同效应促进语言习得和使用的机理。

三、当前高中英语阅读教学中存在的问题

阅读作为英语语言能力之一，是帮助人们理解书面语篇所传递的信

息、观点、情感、态度等的重要手段。然而，当前学生的英语阅读在目标、策略、资源三个层面还存在不足：一是阅读目标设置不科学，部分学生的阅读目标缺乏具体性和可操作性。二是缺乏阅读策略，一些学生不能掌握正确的阅读方法，存在不良的阅读习惯。三是阅读资源利用不充分，可供学生阅读的材料主要来自教材和练习题，很少有其他方面的拓展阅读。

学生英语阅读中的问题反映出目前阅读教学中的问题。我国中学英语教学长期重输入轻输出，英语阅读教学处于浅层次阅读状态，主要是处理文本信息和讲解语言知识，而疏于对学生思维能力的培养。学生仅被动接受语言知识输入，很少深入分析评判文本内容、作者观点和写作意图等。阅读文本的积极性不高，对文本理解不充分，阅读教学进展缓慢，都会直接影响学生英语阅读的效果，长此以往，不利于学生综合语言运用能力的提高和英语学科核心素养的形成。

造成这一现象的原因主要有两个：一是教学过程模式化，输入与产出方式单一。受传统阅读教学的影响，英语教师在阅读教学中遵循固定模式，重视语法知识和单词的讲解，罗列固定短语搭配，逐字逐句逐段分析句子结构，语言知识输入量远大于产出量，输入渠道相对狭窄，缺乏语言产出，文本拓展空间有限。二是教学方法陈旧，忽视学生创造性能力的培养。阅读课堂以教师为中心，多采用传授法或注入式方法展示语言知识，归纳核心要点，学生被动灌输，机械操练，无独立思考的空间，缺少阅读技能与策略提升的训练。这种单一枯燥的教学方式知识容量大，极大削弱了学生自主学习的积极性。

四、"续作查缺补益阅读"在高中英语阅读教学中的实践应用

这里以"读"为语言输入的切入点，选取记叙文和议论文这两种高中英语阅读教学中常见的语篇类型作为阅读材料，通过学生的学习实践，探

讨"续作查缺补益阅读"对高中英语阅读教学的促学作用。

"读后续读"是"续作查缺补益阅读"下的一种新的活动形式，其有效性也在阅读教学实践中得到验证。一般而言，将阅读材料按照故事情节或论证逻辑分为两部分，学习者先学习第一部分材料，完成"读后续说"和"读后续写"任务；而后教师呈现第二部分材料，学习者将其与已有"续作"进行对比，找出差距，查缺补益，总结经验，通过完成自我评价量表以进行深度学习，量表包含三个维度：Comparison（比较），What I learned（已学），How to polish（如何提高）（见图1）。具体"读后续读"任务的操作流程如图2所示。

图1 "读后续读"任务自我评价

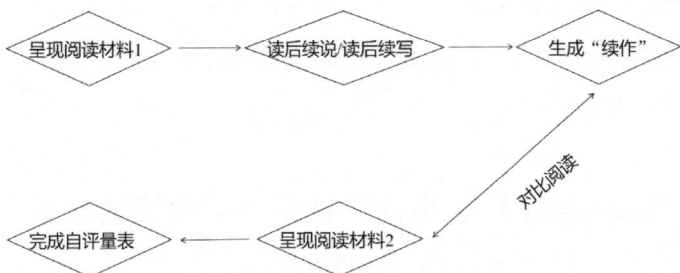

图2 "读后续读"任务操作流程

为更好地调动"续作查缺补益阅读"任务下的靶向阅读教学课堂活力，针对不同文本特点，可分阶段、分课时开展靶向阅读教学：由"读后续说""读后续写"任务逐步过渡到"读后续读"任务，不同"续作"任务有机融合、灵活调整，充分发挥靶向阅读教学的作用。

（一）"续作查缺补益阅读"任务下的记叙文阅读教学

由于阅读材料的趣味性（薛慧航，2013）和体裁（张秀芹、张倩，2017）等因素会对"续作"产生一定影响，在记叙文阅读教学中开展"续作"任务时，需要考虑所选阅读材料的难度和学生的认知水平。在挑选材料时，应选择一些情节性较强的语篇，如小说或故事类文本，以推动"续作"活动的顺利进行。结合记叙文文体特点，"续作查缺补益阅读"任务下的阅读教学流程如图3所示。

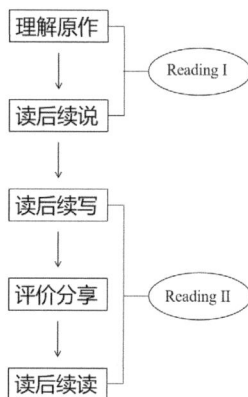

图3　"续作查缺补益阅读"任务下的记叙文阅读教学流程

以阅读语篇"The Old Man and the Sea"为例，"读后续说"任务在第一课时阅读文本后完成，"读后续写"和"读后续读"任务在第二课时开展。

1.理解原作

学生在初读语篇获取基本信息后，研读源语文本，充分理解原作内容，梳理显性续写因素（表1）和隐性续写因素（表2），巧用"故事山"（图4）作为"续作"任务实施支架，引导学生关注文本词汇、句式的使用、逻辑衔接、语段特点、情节发展等，逐步从宏观层面到微观层面，即从了解小说六要素到探究人物性格特点、作者写作态度、语言风格等，层层深入，激活学生"续作"兴趣。

表1 显性续写因素

When	
Where	
Who	
What	
How	
Why	

表2 隐性续写因素

Narrative person	
Narrative tense	
Narrative form	
Personality of character	
Language style	
Narrative person	

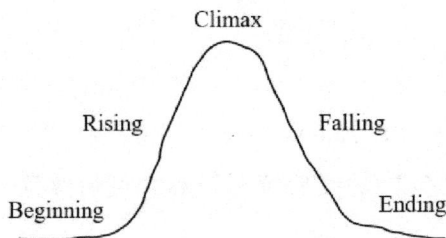

图4 "故事山"示意

阅读语篇"The Old Man and the Sea"为海明威《老人与海》的一个选段，主要描述老人与大鱼搏斗的场景，属于"故事山"的高潮部分，通过分析老人的五次搏斗，展示出一位顽强不屈、乐观坚强的硬汉形象。文中对于老人的神态、动作、语言、心理的刻画都为"续作"任务的开展提供了有效参考依据。文末并非故事的结局，这也体现了本单元文学的写作特点，在激发读者想象力的过程中感受文学的魅力，由此过渡到"读后续说"和"读后续写"任务阶段。

2.读后续说

在充分理解材料后，学生针对原文故事进行续说，并保证故事结尾续说的完整性，续说时间根据学生特点略有差异，学生可以在班级分享自己的"续作"，续说过程用录音设备进行录音，用于后期分析。有原材料作为范本，学生会有意识地通过与原文本互动使续说在内容、逻辑上与原文保持相对的一致（张秀芹、王迎丽，2020）。续说任务结束后，教师可与部分学生进行半结构化访谈，以了解其在续说任务中的评价和感受，并据此合理调整材料难度以及"续作"任务形式，帮助学生获得更好的阅读体验。阅读语篇"The Old Man and the Sea"本身具有极强的趣味性，在激发学生"续"的同时，有利于促进多种"续作"生成，学生在感知文本信息过程中，会关注老人的语气、情感等隐性续写因素，这些都有助于"续说"任务的开展。

3.读后续写

第二课时的读后续写主要针对原作进行写作的语言输出，从篇章结构到词句使用，反复斟酌，使"续写"部分与原文自然衔接。学生在"续说"中未完成或未关注的显性和隐性"续"因素可以在"续写"任务中得到弥补，进一步促进学生多种语言技能的培养。学生续写时，"伴有前文构建的语境，伴有语言模仿的样板，伴有内容创新的依据"（王初明，2014）。姜琳和涂孟玮（2016）在研究读后续写对二语词汇学习的作用时，发现受试者在读英文故事续写时使用了不少阅读材料中的英语表达法，这在读中文故事续写时未曾发生。这充分体现了"续写"是丰富词汇知识、正确使用语言的有力保证。如阅读语篇"The Old Man and the Sea"中"I moved him""clear up""I'll try it again"等短语可以用作"续写"的语言来源。下面是一个学生的续写片段：

"Clear up, head," he said in a voice he could hardly hear. His legs and arms were so sore that he felt he couldn't lift them up any more. "What should I do?"

He asked himself, "Man, can you catch it?" But what left was just the sound of the wind far across the distance. The sun was setting, the water was still waving, there was only a boat and a tired, weak old man.

"I will try it once again." Santiago said firmly. He stood up and started another battle, this time he succeeded. "I moved him! I moved him!" he exclaimed. The big fish had run out of his energy, he was so tired.

4.评价分享

"续写"任务后，学生通过自评和同伴互评完成相应的评价量表（见表3）。学生可以开展小组讨论，组内成员互相观摩借鉴，选出优秀"续作"在全班展示，共同学习。

表3 记叙文"续写"任务评价

评分项目(100分)	Me	Partner
内容丰富、结构清晰(30分)		
情节合理、语言流畅(30分)		
句子、段落衔接自然(30分)		
语法结构和词汇准确、丰富(10分)		
总分		

5.读后续读

呈现阅读材料第二部分，学生自主进行与"续作"的对比学习，总结归纳，完成自我评价量表，以保证"续作"任务实施效果。这一环节是对"续作"任务的全面总结，由阅读的起点最终回归到阅读本身，形成阅读闭环，促成阅读教学的高效发生和知识的深度转化，效果显著。

（二）"续作查缺补益阅读"任务下的议论文阅读教学

王初明（2018）认为，"多轮续写"适用于叙事体，而"对比续写"适用于非叙事体的论说文，这为议论文对比续写研究提供了重要的理论依据和实践指导。基于此，为了更好地在议论文阅读教学中开展"续作"任务，应选择作者观点鲜明、可用于观点对比的语篇作为议论文阅读材料。结合议论文文体特点，可分两课时、分阶段开展"续作"任务（图5）。

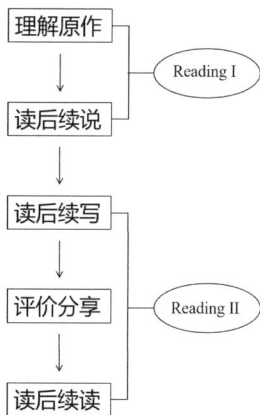

图5 "续作查缺补益阅读"任务下的议论文阅读教学流程

以阅读语篇"The economy or the environment——must we choose?"为例，"读后续说"任务在第一课时阅读文本后进行，"读后续写"和"读后续读"任务在第二课时开展，如果时间有限，两个课时无法全部完成相应"续"的活动，"读后续写"任务可作为课后作业。

1.理解原作

该阅读语篇是一篇辩论主题的议论文，讲述了经济和环境的关系，旨在通过来自绿色协会的发言人林水清和企业发展咨询顾问钱利伟对各自观点的陈述，使学生深刻领悟环境的重要价值，重新思考环境保护与经济发展的关系，树立爱护环境的意识，养成良好的生活习惯。文本观点鲜明对立，符合"续作"任务实施的要求，可将材料分为两部分，第一部分仅呈现林水清的观点，钱利伟的观点用于"续"的活动。学生在阅读文本前，需要明确文本的题材，基于靶向阅读策略指导进行初步阅读，以理清文章大意，获取林水清观点的相关内容，语篇基本信息如表4所示。

表4 语篇基本信息

The topic:
TV host:

Sides	Job	View
Ms. Lin Shuiqing		
Mr. Qian Liwei		Unknown

初读语篇后，引导学生从 opinion、supporting details 和 advice 三方面深入分析林水清的观点，完成表 5，为关于钱利伟观点的"续"活动提供参照模板。

表 5　林水清观点

Lin Shuiqing's speech	
Opinion(clear)	Economic development is bad for the environment.
Supporting details(convincing)	1.
	2.
	...
Advice(persuasive)	1.
	2.
	...

在读后环节，基于"Will Qian Liwei's view be opposite to Lin Shuiqing's?"这一问题，组织学生小组合作讨论钱利伟的观点，并通过"头脑风暴"活动生成支撑论点的论据（见图 6）。

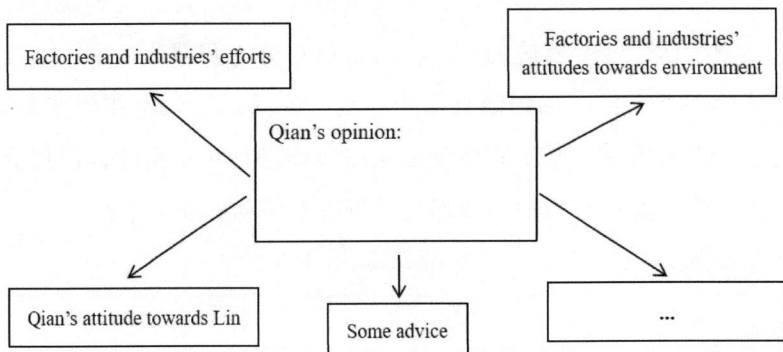

图 6　关于钱利伟观点的"头脑风暴"活动

2.读后续说

与"续作查缺补益阅读"任务下的记叙文阅读教学相同,教师通过整合阅读文本获得的"续作"线索,可以设计拓展性语言输出活动,让学生开展相应的"读后续说"活动,并以角色扮演、采访、辩论或演讲的方式进行。引导学生与文本交流互动,发挥想象力,在一定语境中感悟钱利伟的观点态度,深入理解文本内涵,形成自己的观点,提高思维能力,促进语言习得和产出,充分激活"续作"任务促学因素。

3.读后续写

张秀芹、张倩(2017)通过对比实验发现,议论文体裁的续写协同效应较记叙文体裁强,语言偏误少,这有助于提高学习者语言表达准确性和语言产出质量。教师阐释语言意义,剖析文章结构布局,并指导学生通过分析、推断等手段,深入探究钱利伟对环境保护与经济发展的观点和态度(见表6),确保学生能够准确掌握原作遣词造句、谋篇布局的特点,充分理解议论文"续写"方式、篇章内容、论点和论据。

表6 钱利伟观点

Qian Liwei's speech	
Opinion(clear)	
Supporting details(convincing)	1.
	2.
	...
Advice(persuasive)	1.
	2.
	...

引导学生在阅读过程中标注可用于对比的主要观点和关键词句,找准论述的逻辑关系,思考对比切入点,从而确定中心论点、分论点和论据,仔细斟酌,借鉴并模仿原文写作风格,创造性地表述自身观点,展开续写。对比续写的操作流程可用图7(王初明,2018)表示。

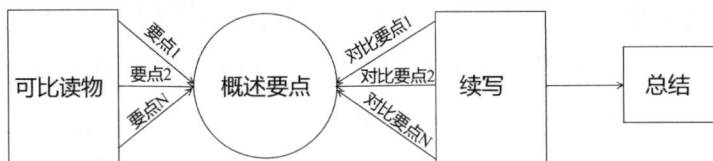

图 7　对比续写流程

4.评价分享

学生通过自评和同伴互评完成相应的评价量表（见表 7）。开展小组讨论，组内成员互相借鉴学习，选出优秀"续作"在全班展示。文秋芳等（2006）确定了与审题、立意、布局、表述四个写作思维环节对应的四个具体作文内容参数，即文章切题性、论点明确性、篇章连贯性和说理透彻性。鉴于此，这四项参数指标可作为议论文读后续写的评价维度。

表 7　议论文"续写"任务评价

评分项目(100分)	Me	Partner
文章切题性(10分)		
论点明确性(30分)		
篇章连贯性(30分)		
说理透彻性(30分)		
总分		

5.读后续读

呈现阅读材料第二部分，学生自主进行与"续作"的对比学习，总结归纳，完成自我评价量表，以保证"续作"任务实施效果。

五、结语

在高中英语靶向阅读教学中，运用"续作查缺补益阅读"具有明显的促学优势，主要体现在以下几个方面。

（一）以续促读，培养深度阅读习惯

通过不同的"续作"任务，帮助学生从宏观上把控文章结构，深入理解文本细节信息，关注作者的情感态度和语言风格等，实现对文章内容的深度解读，丰富英语知识储备，促进英语核心素养的落实，培养对阅读语篇的深度学习习惯。

（二）以续促思，形成多元阅读思维

"续作"任务的开展让学生基于原作，发挥思维和想象进行创作，掌握有效的阅读策略和技巧，形成多元阅读思维，为内化英语知识创造条件。

（三）以续促用，提高综合语用能力

《课标》指出，学生语用能力的培养应作为英语学科教学的重点目标。"续作"任务的开展能够帮助学生在真实的语境中学习英语、使用英语，有利于提高学生的语言应用能力，这也符合英语学习活动观倡导的理念。

本文主要借助"读后续说"、"读后续写"和"读后续读"三种"续作"任务探讨高中英语靶向阅读教学中运用"续作查缺补益阅读"这一多技能结合的教学方式的促学效果，以期在高中英语阅读教学实践中做有价值的探索，为从事高中英语阅读教学的一线教师提供一些有益的启示和参考。

聚"慧"云端英语社团活动，
绽放靶向教学"育德"风采

针对当前高中英语社团活动课上"教知识、育人格"所出现的"两张皮"现象，结合云上靶向英语阅读教学活动课的创新案例，组织学生云端聚"慧"，切中"靶"点，课中"育德"，让"'异'路梨花"绽放在高中英语社团靶向教学活动课堂上。

一、活动背景

大多数高中学校英语社团活动都开展得有声有色，丰富了学生校园文化生活，深受学生青睐。但是，也有一些学校的英语社团活动"徒具热闹之形而无人文之神"，"育德立人"功效甚微，有的英语社团活动甚至处于"缢"蹶不振状态。

某校"英语影视看学演"社团在 2023 年获得安徽省芜湖市"十佳社团"荣誉称号。本文便是结合该社团云上靶向英语阅读教学活动课的创新案例，探讨英语社团活动课上如何"异"路绽放"育德"风采。

二、教育目的

只有将"育德立人"要求落到实处，才不失为优秀的社团活动课。基于此，云上靶向英语阅读教学社团活动课便应运而生了"'异'心'异'意"的教育目的："'异'心"指的是帮助学生建构志愿者身份驰援灾区，为海内外经历灾情的同胞传递信心和希望，让世界听到中国不屈之志和决胜之"心"；"'异'意"指的是潜移默化地引领学生在真实语境中吸收和同化靶向英语阅读教学活动课目标内容，提升学生在相关情境中运用所学语言知识的"意"识（谭达文，2017），发展学生在思维的逻辑性、批判性、创新性等方面所表现的水平和特点（陈琳，2016），以达到"教知识、育人格"的功效。

三、实施过程

1.前期准备

正式实施前，指导教师云上跟该社团的社长取得联系，说明意图，然后让社长建好云上交流（钉钉）群。接着，社长云上通知各小组负责人进群，再由各小组负责人通知小组成员一一入群。待云上社团交流学习群组建完毕，指导教师与学生协调开展云上社团活动课的三个时间节点，分别是2024年4月15日下午，4月22日下午和4月29日下午，这三个日期都在周一，是原先云下社团的活动时间。所有准备工作就绪后，就正式进入社团活动课的实施阶段。

2."育德立人"理念渗透

"育德立人"理念渗透在云上靶向英语阅读教学社团活动课中，最值得提倡且不流于形式的当是发展学生的高阶思维品质和培育学生的正确价值观。在英语教学中发展学生的思维品质，不仅是必须的，也是可能的，关键在于教师的认识与实践能力（程晓堂，2018）。如此，在开展云上靶向英语阅读教学社团活动课时，指导教师应着力在新创设的情境中通过推理与论证、批判与评价、想象与创造等迁移创新类活动引导学生运用所习目标内容解决新问题（李留建、姚卫盛，2018），创造性地表达自己的观点，培养多元思维的意识和创新思维的能力。

3.云上实施

云上靶向英语阅读教学社团活动课开展过程中，用社会热点话题来建构以学生为主体的生态课堂是提高活动成效的关键。因此，指导教师结合《牛津高中英语》①模块六中一篇主题为"The UN—bringing everyone closer together"（《联合国将我们每个人紧密连在一起》）的演讲稿来实施云上活动课。

2024年4月15日下午，第一次活动课上，指导教师先带领学生一同学习演讲稿中那些抒发作者强烈情感的句子、现在进行时与现在完成进行时两种时态的表意功能，进而接续社会热点话题，从而引导学生以志愿者身份来体验作者作为联合国亲善大使的自豪感，促使学生产生共情，萌生充当志愿者驰援疫情灾区的念头，随后，顺理成章地设置如下社团活动：

假设你是一名驰援疫情灾区的志愿者，请以"We are fighters—winning the epidemic war（我们是战士——一定能打赢这场疫情战）"为题作一篇英语演讲。

要求：运用目标文本中渗透的演讲稿写作手法，按照下面几个方面先撰写演讲稿，后录成演讲视频并于4月22日前提交至云上交流（钉钉）群。

（1）Begin with "I am pleased to..." to express your positive emotion.（以"我很荣幸……"开始你的演讲，并表达积极乐观的情感。）

（2）Surround the theme to convey your optimistic points, with examples following them.（围绕此次演讲活动主题，用你知晓的事例表达乐观向上的观点。）

（3）Put "be doing" and "have been doing" in your speech to state everyone's endless efforts.（在你的演讲中务必用现在进行时与现在完成进行时这两种

---

① 普通高中课程标准实验教科书·牛津高中英语（模块六·高二上学期）。

时态向全世界表明我们中国人一直在不懈努力,不获全胜绝不轻言成功。)

此外,指导教师还从演讲内容、服饰仪表、语言表达、台风姿态四个方面与社团成员共同研制演讲评价标准。

同时,要求学生务必在4月28日之前按照已经建好的交流(钉钉)群,分小组观看、讨论演讲视频并参照评价标准评出一名"最佳演讲者"。

最后,全体社团成员与教师于4月29日下午再次聚会云端,共同投票评出整个社团的三名"最佳演讲者"。

四、活动效果

基于"志愿服务"主题情境的云上靶向英语阅读教学社团活动,让学生在迁移创新中开展直观、立体的演讲,将已有的知识经验与新的知识经验相联系,自主完成同化或顺应的认知过程(刘道义,2015)。在演讲中,学生自觉地将自己与患者进行对比,进而"激发自我认识,理解生命的意义和人生的价值,形成积极的心理品质,调节和管理自己的情绪,努力做到自信、自爱、坚韧、乐观地面对生活"(魏玉平等,2017),并"促进学生自主地发散思维,达到个性化的对生活内涵与要义的反思与提炼,扩展和提高学生思想内涵的内容、水平、深度、广度和能力"(邹国香、魏玉平,2015)。

五、结语

云上靶向英语阅读教学社团活动课不仅是让学生自我建构目标知识图式,也是审视和思辨目标内容所传递的信息和技能,监控、评价、反思和调整所习内容和进程的关键阵地。指导教师应秉承"育德立人"理念,以"路漫漫其修远兮,吾将上下而求索"的气魄,踔厉奋发,让"'异'路梨花"在云上英语社团活动课堂精彩绽放。

靶向学案袋评价在高中英语靶向阅读
教学中的运用实效研究

一、引言

　　"读"是语言交际中的重要一环，是理解语篇及获取、加工、处理信息的综合过程。靶向学案袋评价就是为实现靶向教学环境下的英语阅读学习的优越性而进行的一项实践与研究，旨在通过大量材料的收集和学生对材料的反思，客观而形象地反映出学生在英语阅读学习方面的进步、成就以及问题，以增强学生的自信心，培养学生自我评价、自我反思的能力和自我教育的习惯，规范学生的靶向阅读学习行为，进而使学生学会合理、有效地开展英语靶向阅读学习。

二、定义及理论依据

1.定义

　　靶向学案袋评价是根据教育教学目标，有意识地将各种有关学生靶向表现的作品及其他证据收集起来，通过合理的分析与解释，反映学生在靶向学习与靶向发展过程中的优势与不足，反映学生在达到阅读目标过程中的努力与进步，并通过学生的反思与改进，激励学生取得更高的成就（徐芬、赵德成，2001）。靶向学案袋评价具有以下典型特征。

第一，精准性。靶向学案袋评价聚焦于特定的学习目标和学生的具体问题，能够精准地针对学生在英语学习中的薄弱环节进行评价，为教学和学习提供精确的反馈信息，帮助教师和学生明确努力的方向。

第二，系统性。它是一个全面的评价体系，涵盖了英语学习的各个方面，包括语言知识、语言技能、学习策略、情感态度等。通过对这些要素的系统评价，能够全面反映学生的英语学习状况。

第三，过程性与形成性。注重对学生学习过程的持续跟踪和评价，关注学生在学习过程中的点滴进步和变化。它不是一次性的终结性评价，而是通过不断地收集学生学习过程中的信息，形成对学生学习情况的动态认识，及时发现问题并调整教学策略，促进学生的学习和发展。

第四，自主性与互动性。鼓励学生积极参与到评价过程中，通过自我评价和相互评价，培养自主学习能力和反思意识。同时，也促进了师生之间、学生之间的互动与交流，使评价成为一个多元主体共同参与的过程。

第五，个性化。充分考虑到每个学生的个体差异，根据学生的不同特点和需求，制定个性化的评价方案和目标。尊重学生的独特性，为每个学生提供适合他们的学习路径和发展建议，满足不同学生的学习需求。

2.理论依据

靶向学案袋评价主要以建构主义学习理论、多元智能理论和元认知理论为指导，以新课程理念、英语阅读理论及形成性评价思想等为方法和理论借鉴。

（1）建构主义学习理论

建构主义学习理论认为，学习应以学生为主体，学生是教学活动的积极参与者和知识的积极建构者。教师是有利于学生意义建构的帮助者、促进者；教学手段只能是一种用来创建意义建构的情景、帮助学生认知的工具，是一种辅助教师教学的工具。基于建构主义学习理论，靶向学案袋评价旨在让学生督促自己检查阅读完成情况，自主反思自己的阅读方法和阅读成果，从依赖教师的指导和讲解逐渐转变为独立自主的学习者。

（2）多元智能理论

多元智能理论认为，每个学生都是具有自己的智能特点、学习类型和发展方向的可造就人才。教育应通过多种渠道、采取多种形式、在多种不同的情景中进行，从而优化学生的智能结构。通过靶向学案袋评价，用多元智能理论来观察学生，展现每个学生不同的个体能力、特质及潜在的学习能力，使每个学生都能得到相应的肯定和激励，体验学习的快乐。

（3）元认知理论

元认知理论强调人是积极主动的机体，其主体意识就是监控现在、计划未来，有效地控制自己的思维和学习过程。通过靶向学案袋评价，运用元认知理论去指导学生进行自我阅读评价与自我阅读调节，培养学生的阅读反思能力，调动学生阅读的主动性、自主性、自觉性，评价自己阅读的效果，总结有效的阅读方法。

（4）形成性评价理论

形成性评价又称过程性评价，通过多种渠道收集学生学习的信息，对教和学的过程进行多层次、多元化的分析与判断。《课标》就明确倡导积极有效的评价是"形成性评价与终结性评价相结合的多元评价方式"。靶向学案袋评价就是为教学双方提供及时、真实的诊断性信息，力求使评价更好地促进和激励学生阅读，促进教师阅读教学改革而设计建立的。有关靶向学案袋评价在高中英语阅读教学，尤其是安徽省高中英语阅读教学中的应用研究目前极为少见，因此本文以此为重点展开研究。

三、研究概况

1.研究目的

本研究的目的在于探讨靶向学案袋评价在高中英语教学中运用的实效性。具体包括如下几个方面：第一，靶向学案袋评价对高中生的英语阅读成绩的影响；第二，靶向学案袋评价对高中生英语阅读兴趣的影响；第三，靶向学案袋评价对高中生阅读策略的影响；第四，靶向学案袋评价对高中生英语学习反思能力以及合作能力的影响。

2.研究对象

参加本实验研究的对象为笔者所任教2022级（2025届）的高中10个平行班。其中，高三（4）班为实验班，共59人；其他班级为对照班，各班人数为57—59人。在实验前后笔者进行了阅读测试的考查以及问卷调查，采用SPSS20.0对数据进行分析。笔者综合两种不同的结果，进行结论综述。

3.研究过程

实验班的靶向教学分为三个阶段：准备阶段、实施阶段、总结阶段，如表1所示。学生每周需要填写"课堂靶向阅读教学活动记录卡"（表2）、"靶向阅读教学文章背记卡"（表3）、"自主性靶向阅读学习活动记录卡"（表4）、"靶向阅读教学自我评价反思卡"（表5）。

表1　实验班的靶向阅读教学过程

阶段	实施内容
准备阶段	1.向实验班学生说明靶向学案袋评价的内涵和笔者的教学计划,鼓励学生积极参加靶向阅读教学实验活动。 2.对实验班的学生进行实验前后的问卷调查,了解他们在实验前后阅读状况的变化。 3.对实验班与对照班的学生进行实验前后的阅读考查,了解实验班和对照班在实验前后阅读成绩的变化。 4.要求两个班的学生浏览教师建议(含要求)的网站并阅读材料

阶段	实施内容
实施阶段	1.在实验班靶向阅读教学中,每个星期抽出两至三节课时间,让学生分小组讨论,进行读书交流和报告并就发现的阅读难点在教师的协助下进行查缺补益,靶向解决。 2.每周要求实验班的学生填写表格,引导学生对这一阶段的阅读情况进行自我归纳总结和阅读反思。同时,由教师主持开展每月的靶向阅读反思报告会,每个小组推荐一位同学进行口头总结,谈谈自己的靶向阅读学习体会和靶向学习建议,推荐一些喜爱的英语短文
总结阶段	1.对每次问卷调查的情况进行分析比较。 2.对实验前后的阅读成绩进行对比分析,采用SPSS20.0的统计数据进行分析。 3.召开实验班的学生座谈会,了解学生实验前、中、后的一些靶向阅读学习情况

表2　课堂靶向阅读教学活动记录卡

日期		
课堂靶向阅读教学文章的标题		
体裁		
时间	建议用时	
	具体用时	
靶向阅读教学策略概述		
靶向阅读教学中具体策略运用		
靶向阅读教学文章提要或主题句		
靶向阅读教学难点	内容	
	语言	
自信度	□1☆　　□2☆　　□3☆　　□4☆　　□5☆	
教师评价		

表3 靶向阅读教学文章背记卡

篇目			出处/作者	日期
短语	摘抄			
	运用造句			
优美语句摘抄				
文章主旨大意				
感悟				
人气指数		5☆　　4☆　　3☆　　2☆　　1☆		
自评		5　　4　　3　　2　　1		
互评		5　　4　　3　　2　　1　　　　　签名_____		
教师反馈				

表4 自主性靶向阅读学习活动记录卡

日期							
阅读速度							
阅读篇数							
题材	□故事 □文化 □科技 □体育 □娱乐 □其他	□故事 □文化 □科技 □体育 □娱乐 □其他	□故事 □文化 □科技 □体育 □娱乐 □其他	□故事 □文化 □科技 □体育 □娱乐 □其他	□故事 □文化 □科技 □体育 □娱乐 □其他	□故事 □文化 □科技 □体育 □娱乐 □其他	□故事 □文化 □科技 □体育 □娱乐 □其他

趣味性	□0☆ □1☆ □2☆ □3☆ □4☆ □5☆	□0☆ □1☆ □2☆ □3☆ □4☆ □5☆	□0☆ □1☆ □2☆ □3☆ □4☆ □5☆	□0☆ □1☆ □2☆ □3☆ □4☆ □5☆	□0☆ □1☆ □2☆ □3☆ □4☆ □5☆	□0☆ □1☆ □2☆ □3☆ □4☆ □5☆	□0☆ □1☆ □2☆ □3☆ □4☆ □5☆
主动性(是否 有人要求)	□老师 □家长 □自己 □随意	□老师 □家长 □自己 □随意	□老师 □家长 □自己 □随意	□老师 □家长 □自己 □随意	□老师 □家长 □自己 □随意	□老师 □家长 □自己 □随意	□老师 □家长 □自己 □随意
自评	5　4　3　2　1						
互评	5　4　3　2　1 　　　　签名_____						
教师反馈							

表5　靶向阅读教学自我评价反思卡

完成时间	分钟	篇数		理解程度	%	评价得分
策略运用 评价	1.阅读前先靶向浏览文章以了解主旨大意					5 4 3 2 1
	2.靶向查找文章中心句和段落主题句					5 4 3 2 1
	3.靶向结合背景知识理解文章内容					5 4 3 2 1
	4.靶向阅读对文章主要内容和逻辑关系进行推断					5 4 3 2 1
	5.靶向结合上下文语境猜测文章不易理解部分					5 4 3 2 1
	6.先跳过不易理解的部分,靶向阅读文章后再切中靶点查缺补益性解决					5 4 3 2 1
	7.靶向运用构词法猜测生词意思					5 4 3 2 1
	8.靶向关注文章中连接词、代词、过渡词等的作用					5 4 3 2 1
	9.靶向分析句子成分或将复杂句子靶向分解后查缺补益性理解					5 4 3 2 1
	10.阅读过程中能按意群或句群进行靶向阅读					5 4 3 2 1

完成时间	分钟	篇数		理解程度	%	评价得分
	11.带着阅读靶点问题去查找文章的事实和细节					5 4 3 2 1
	12.靶向理解字里行间所表达的主要观点和写作意图					5 4 3 2 1
	13.靶向阅读文章后对观点、态度和意图进行总结					5 4 3 2 1
	14.基于兴趣,能一心一意地靶向阅读文章					5 4 3 2 1
	15.其他					5 4 3 2 1
	总分					
反思小结	影响理解因素					
	改进措施					
项目	评价得分					
自评	5　　　4　　　3　　　2　　　1					
互评	5　　　4　　　3　　　2　　　1 　　　　　　　签名＿＿＿＿＿					
老师反馈						

　　在对照班,笔者采用传统的阅读教学方式,主要通过阅读测试来评价学生的阅读能力。对照班的学生每天要阅读一篇《二十一世纪英文报》上的文章,由教师根据自己的教学计划选定阅读文段。在每周的阅读课上,教师检查学生的阅读情况,讲解文段的长难句和分析重难点、阅读技巧等。笔者要求实验班的学生每周写阅读日志或阅读反思,对对照班的学生则没有要求。

　　4.数据采集及分析方法

　　本研究主要通过阅读测试、问卷调查和座谈的形式进行数据采集。根据《课标》语言技能中选择性必修理解性技能的要求,以及学习策略中选择性必修认知策略的要求来挑选适合普通高中学生阅读水平的阅读文段。阅读测试共包括五篇阅读文段,每篇阅读文段后有五个小题,采用A、B、C、D选项四选一的标准测试题型,与安徽省高考的题型相同。问卷主要参考国内学者庞维国编制的"学习自主性量表"和国内学习策略研究专家文秋芳教授的英语学习策略调查问卷，并根据我校学生英语阅读学习的特点编制而成。答案采用李克特量表（Likert Scale）形式，用SPSS20.0对所采集数据进行分析。在正式进行问卷调查前，笔者对55名学生进行预测，得出克隆巴赫系数（Cronbach's alpha）为0.787，体现出较高的内部一致性。

四、操作成果及实证分析

在教学实践中，根据学生的参加形式和阅读目的来定义，笔者将靶向阅读教学学案袋评价分为四种模式：课堂靶向阅读教学活动、靶向阅读教学文章背记活动、自主性靶向阅读学习活动和靶向阅读教学自我评价反思活动。

1.课堂靶向阅读教学活动

课堂靶向阅读教学活动的目的是让学生参与课堂靶向阅读教学活动，有机会把阅读技巧和体裁及题材联系起来。通过教师的引导，学生逐渐了解、熟悉相关阅读技巧，并知道何时合理运用何种技巧，在课堂靶向阅读教学中养成策略运用意识，并自觉应用于新的阅读环境中。通过对"课堂靶向阅读教学活动"情感态度等方面的问卷调查，我们了解到57.81%的学生认为课堂靶向阅读教学能帮助他们更好地理解靶向阅读教学的文章内容并掌握相关的阅读策略和技巧。其中，31.25%的学生认为课堂靶向阅读教学中靶向阅读策略运用对他们帮助最大；43.75%的学生认为课堂靶向阅读教学中靶准文章提要或主题句对他们帮助最大（图1）。

你认为课堂靶向阅读教学活动中哪部分对你帮助最大？

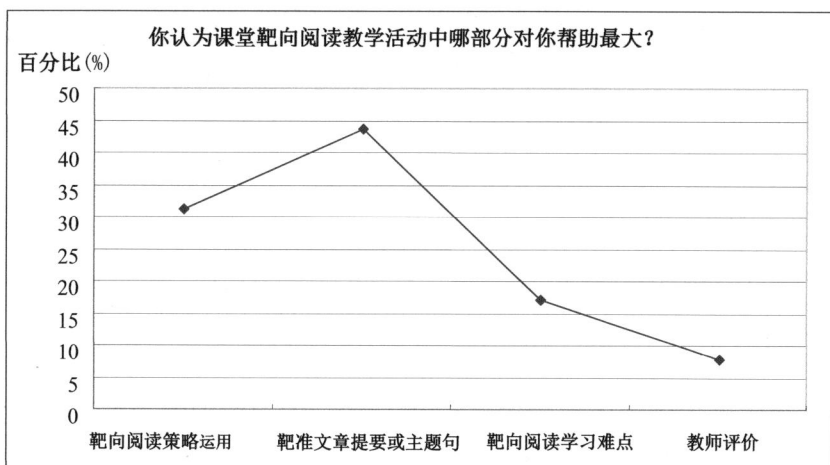

图1 课堂靶向阅读教学活动情况调查

2.靶向阅读教学文章背记活动

背诵是英语学习能力提升中一个重要方面。通过背诵输入，学生可以掌握更多的语言知识，加深对材料的理解，提高靶向阅读能力。鉴于此，笔者设计了靶向阅读教学文章背记活动，要求学生在靶向阅读学习过程中把好词、好句、好段记录并背诵下来，并把阅读材料的主旨大意及自己的感悟记录下来。

经过一段时间的训练，从学生的前后测试成绩，我们可以看出，许多学生的阅读水平有不同程度的提高（表6）。

表6 实验训练前后学生成绩对照表

训练前分数段	90—99分	80—89分	70—79分	60—69分	50—59分	50分以下	平均成绩
人数	0	3	9	16	23	8	63.43
训练后分数段	90—99分	80—89分	70—79分	60—69分	50—59分	50分以下	平均成绩
人数	1	5	12	21	16	4	65.87

"靶向阅读教学文章背记活动"情感态度等方面的问卷调查显示，62.71%的学生认为靶向阅读背记对提高英语水平有帮助；54.24%的学生

认为靶向阅读背记活动能促进他们更好地背记英语材料；83.05%的学生认为靶向阅读学习后有必要做背记相关内容的记录；74.58%的学生表示他们愿意在靶向阅读学习后做背记相关内容的记录。这些数据说明学生从中受益匪浅。

此外，绝大部分学生（分别为81.36%和83.05%）认为靶向阅读教学文章背记活动中"摘抄和运用造句"和"优美语句摘抄"对他们的帮助最大（图2）。

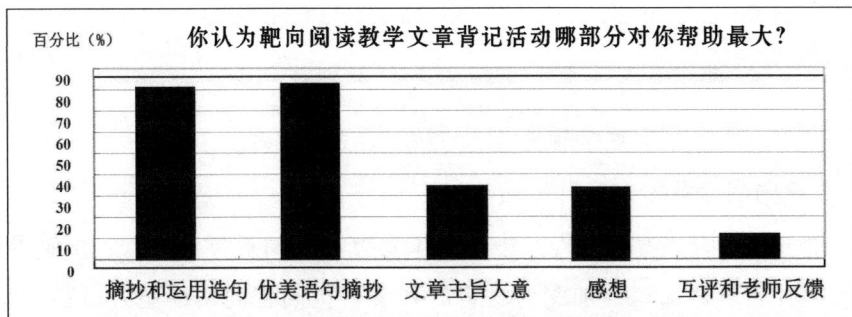

图2　靶向阅读教学文章背记活动情况调查

通过靶向阅读背记活动，使学生养成在阅读时摘录优美警句的习惯，这不仅有利于学生掌握英语语言知识，提高英语阅读兴趣和对语言的鉴赏能力，也有利于提高运用英语的综合能力。

3. 自主性靶向阅读学习活动

自主性靶向阅读学习，是英语阅读不可或缺的手段，不仅能给学生必要的语言感知和足够的语言输入，以促进他们的语言知识的巩固和学习，也能实实在在地使他们获得英语学习的成就感。74.58%的学生认为自主性靶向阅读学习活动有助于提高阅读理解水平（图3）；27.12%的学生表示自主性靶向阅读学习活动会帮助他们有意识地进行课外自主性靶向阅读学习（图4）。

你认为自主性靶向阅读学习活动有助于提高你的阅读理解水平吗？

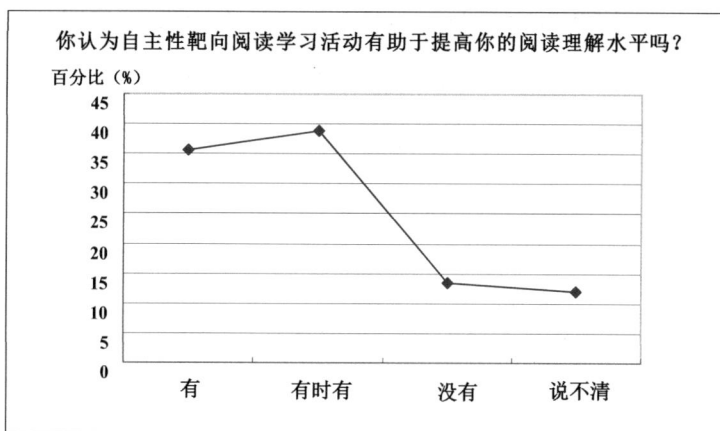

图3　自主性靶向阅读学习活动情况调查（一）

你认为自主性靶向阅读学习活动有助于你进行课外自主性靶向阅读学习吗？

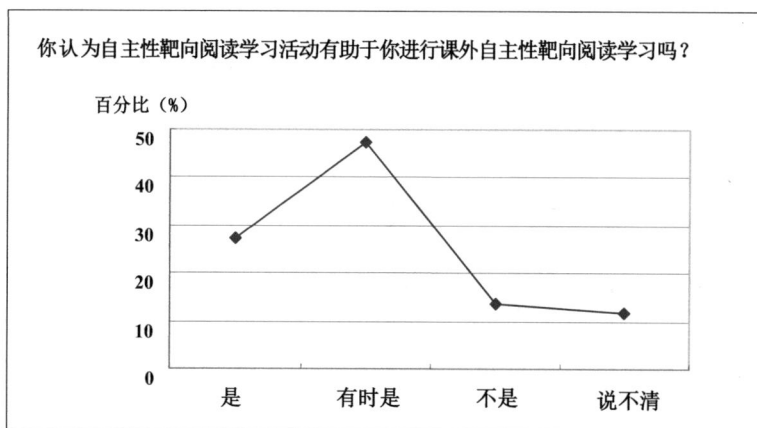

图4　自主性靶向阅读学习活动情况调查（二）

前后测试的成绩反映出学生的阅读理解能力在不断提升（表7）。

表7　实验训练前后学生成绩对照表

训练前分数段	90—99分	80—89分	70—79分	60—69分	50—59分	50分以下	平均成绩
人数	1	4	15	21	13	5	64.58
训练后分数段	90—99分	80—89分	70—79分	60—69分	50—59分	50分以下	平均成绩
人数	2	6	19	13	14	5	66.83

自主性靶向阅读学习活动，一开始起着引导学生进行课外阅读的作用，但逐渐改变了角色，成为学生展示自己学习成果的平台。换言之，学生的课外靶向阅读学习由被动转变为主动，这也为英语学习所必需的大量输入提供了保证。

4.靶向阅读教学自我评价反思活动

美国著名教育家杜威在《我们怎样思维：经验与教育》一书中提出："反省的思维的功能，在于将经验得到的模糊、疑难、矛盾和某种纷乱的情境，转化为清晰、连贯、确定和和谐的情境。"（杜威，2001）靶向阅读教学自我评价反思活动由此应运而生。

调查显示，有84.13%的学生认为靶向阅读学习后，有必要或有时有必要反思自己的阅读策略使用情况（图5）。

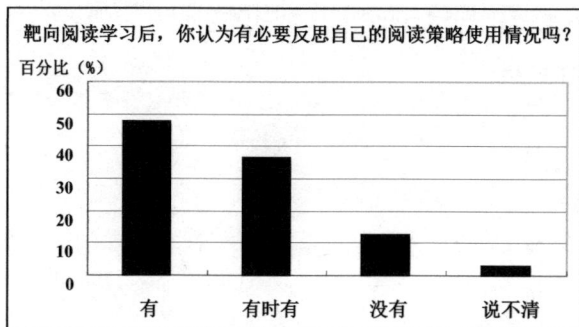

图5　靶向阅读教学自我评价反思活动情况调查（一）

36.51%的学生认为靶向阅读教学自我评价反思活动中，"阅读策略运用评价"对他们的帮助最大，31.75%的学生认为"反思小结"对他们的帮助最大，另外，12.70%的学生认为"教师反馈或同伴评价"对他们的帮助最大（图6）。

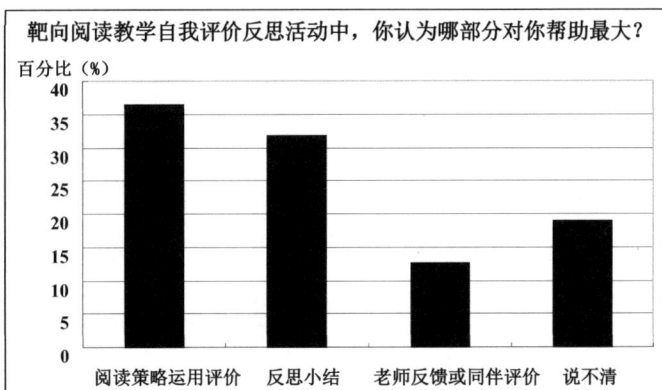

图 6　靶向阅读教学自我评价反思活动情况调查（二）

通过分析，我们不难发现，靶向阅读教学自我评价反思活动有利于学生阅读策略意识的培养和反思监控能力的养成。

五、实验班和对照班成绩表

实验班和对照班2024年高考成绩的对比结果显示，实验班的英语阅读能力大为提高，成绩远远高于对照班成绩（表8）。

表8　2024年高考英语成绩对比

班级	1班	2班	3班	4班	5班	6班	7班	8班	9班	10班	全年级
平均成绩（分）	115.8	118.47	119.14	129.69	114.93	114.84	113.47	113.37	116.21	116.78	117.27

说明：高三（4）班为靶向学案袋教学实验班，其他班为实验对照班级。

总之，高中英语靶向阅读教学学案袋评价的实用性是毋庸置疑的。它为学生提供了自主学习和相互交流的机会，以及充分表现和自我发展的空间，也为因材施教提供了一个可行的途径。随着新课程改革的深入和学生评价方式的发展，作为质性评价的典范，靶向阅读教学学案袋评价一定会在英语教学中发挥更加积极的作用。

聚焦高中英语核心素养的
靶向阅读教学的建构与实践探究

一、引言

在高中英语学习中，阅读是最为重要的部分之一，同时也是高中学生学习的难点。学生要想提高阅读能力，首先要提高核心素养。英语学科核心素养的培养在阅读项目上有突出体现，阅读教学可以较大程度地体现并推动核心素养各要素的发展。传统阅读测评关注词汇、语法和篇章理解，而王蔷（2015）提出，学生以语篇为载体，在理解和表达的语言实践活动中，融合知识学习和技能发展，在分析问题和解决问题的过程中发展思维品质，形成文化理解，促进英语学科核心素养的形成和发展。

二、当前英语阅读教学中存在的问题

当下，教师为提高高中学生的阅读能力投入了大量心血，但有的学生的阅读技能和水平并没有显著上升。这促使笔者开始反思学生阅读能力培养中存在的问题。

第一，英语作为一门语言，本质上是交流工具。大部分高中学生的词汇量并没有达到支撑自由交流的程度,这样一来,学生用英语逻辑思维来分析研判阅读素材时,便会产生问题。

第二,教师在阅读教学中会给学生介绍答题的方式方法,但这些方式方法并不能适用于所有问题,一旦要求有变,那么解题思路便大相径庭。然而,很多学生的应变能力无法达到命题者的变化要求,他们习惯性地使用教师传授的方式方法固化地思考、解答问题。

第三,中西方的文化差异增添了学生的阅读障碍。当下,高中学生的学业负担都比较重,让学生花时间和精力去了解别国文化和反思阅读素材中出现的文化差异所导致的阅读困境,是不太现实的。这就使得高中学生大幅度提高在阅读能力方面的核心素养变得难上加难。

三、聚焦高中英语核心素养的靶向阅读教学建构与实践的应用意义

在传统的英语阅读教学中,学生对英语的兴趣不高,学习不够积极,主观能动性不强。而在聚焦高中英语核心素养的靶向阅读教学中,分学期开展阅读问题靶点诊断,分析、反馈诊断结果:一是教师可以借助诊断结果,在"查缺补益阅读"教学环节中,推行个性化靶向阅读学习,动态推送阅读素材和转变教学方式,靶向整合主题、语篇、语言知识、阅读技能等,使靶向阅读教学更有针对性,教学效率更高。二是学生可以借助诊断结果,了解自己在文化品格、思维品质、阅读技能等阅读方面的强项和弱项,更加明确所要达成的学习目标。这种教学方式使学生从被迫学习变为主动学习,增强了学生对英语阅读学习的主观能动性,大大提高了英语阅读教学的质量。那么,最为显著的应用意义体现在如下方面:有利于大幅度提升学生的阅读能力;有利于大幅度提升学生的语言组织能力;有利于大幅度提升学生运用批判性逻辑思维来化解阅读问题的能力。

四、聚焦高中英语核心素养的靶向阅读教学建构与实践的策略

1.聚焦靶标转变教师教学观念

传统的英语阅读教学，一方面降低了学生的学习积极性，另一方面无法达到核心素养培养的教学效果。因此，聚焦高中英语核心素养的靶向阅读教学的建构与实践，首先就要解放思想，大胆革新，改变教学观念，勇于迈出提高阅读教学质量的第一步。

第一，尊重学生意愿，了解学生需求，阅读教学坚持以学生为主体。在教学过程中，强调学生主体地位，引导学生成为主动探索者，教师仅充当阅读教学的组织者、引导者和补救者。

第二，大胆革新。根据诊断反馈的结果，在"查缺补益阅读"教学中，笔者大胆尝试创新教学方法，变"教师设计任务、满堂主讲，学生跟随教师完成指定任务"式课堂为"学生自主学习、合作探究，教师释疑拓展、梳理知识方法"式课堂，推行个性化靶向阅读学习，改善阅读课堂质量。比如，在学习阅读语篇"Growing Pains"的过程中，笔者采用专题讲座的方式，组织学生自发组成小组，对语篇表达的内涵、作者的语言运用、人物形象等进行探讨。这样一来，学生在准备相应专题讲座的过程中，既能以饱满的热情认真研读语篇、发现问题、释疑解惑，又能通过这种延展活动学习到更多的英语知识，同时也提高了合作交流的能力。这就使学生的英语核心素养得以形成和发展。

2.靶向研选教学内容

教材是教学的基础。虽然当下各种版本英语教材皆是优质素材，内容严谨、生动，但对于不同的地区而言，校情、学情等都有所不同，一旦唯教材而教，就不能去粗取精、择优而教，势必会背离因时因地因人而教的教学准则。因此，聚焦高中英语核心素养的靶向阅读教学的建构与实践就打破了教材作为教师教学唯一标准的惯势，因时因地因人而教，倡导教师

自我研判和筛选教材内容，开发更具价值导向的阅读素材，然后根据教学需要动态向学生推送相应阅读素材，做到有的放矢地提升学生的文化品格、思维品质、阅读技能等。比如，笔者对那些不被学生所熟悉且与学生生活环境有隔离的语篇进行了背景素材开发，采用学生喜闻乐见的形式呈现给学生，其中有各类场景图、纪录片视频、国内外电影和视频，以及经过笔者按照学生阅读需求加工改进的阅读补充材料。在此基础上，再进行充分的讲解，让不同接受水平的学生基本能够顺利理解语篇，达到了代入感更强的目标。另外，笔者对那些过于深奥的语篇文本材料适当进行削减，实在削减不了的进行改写加工，以达到不同层次学生能接受的水平。这样不仅保障了课堂靶向阅读教学有效有序进行，还在一定程度上增强了学生的自信心，使课堂节奏变得更加紧凑。

3.融教材内容与靶向阅读学习方法为一体

在教学中，一方面，教师要靶向研究教材和学生的个体情况，通过课题组集体制作导学案，启发学生切中自己的阅读靶点根据导学案对阅读语篇先行进行靶向学习；另一方面，根据语篇阅读内容设计阅读靶点问题诊断性测试，识别学生在阅读能力方面存在的问题和不足并据此通过多种形式开展"查缺补益阅读"教学活动。比如，让学生进行角色扮演，以达到活跃课堂气氛和激发学生英语阅读兴趣的目的。在学习阅读语篇"The economy or the environment——must we choose?"时，笔者就要求学生分角色扮演文章中不同身份角色的人，模拟文章中的场景，进行互动演绎。学生在扮演的过程中，不仅能理解语篇的意义、意图和情感态度等，而且能通过锻炼语言组织能力达到批判性阅读的目的。然后，笔者乘势而上，有针对性地为学生布置课后阅读，引导学生根据学习任务的需要从多种媒体中获取信息并进行加工处理来提升阅读能力，最终顺理成章地提高学生英语阅读的核心素养。

4.切中阅读靶点变换教学形式

聚焦高中英语核心素养的靶向阅读教学建构与实践，注重遵循教学形式的多样化原则，促使"高效靶向阅读课堂"在教学活动中蔚然成风。笔者有效利用了"翻转课堂"这一新颖而又高效的教学方式展开靶向阅读教学。例如，在介绍阅读语篇的背景时，笔者把学习任务提前，事先将相关图片、视频和文本背景阅读材料等资料上传至本地的智慧教育平台，然后要求学生利用自己的账号进行课前自主学习，以理解语篇所反映的文化差异，认同优秀文化，树立世界眼光，增强国家认同感和家国情怀。同时，让学生将靶向自主学习中遇到的问题发布在该平台上，便于笔者第一时间掌握学生学习的动态。而后，笔者根据掌握的学生靶向自主学习中遇到的问题，在进行语篇泛读和精读时开展"查缺补益阅读"教学。笔者在该平台上传事先录制好的学习视频，每次上传的视频内容侧重的靶向阅读学习策略有所不同，基本涵盖：边阅读边思考意义并预测意义、通过上下文猜测词义、对已读过的内容作标记来解释生词、研究图解并使用其中的信息来帮助理解、阅读题目并从中做出推论、参考注解、辨认同源词、使用常识来解释不熟悉的单词、跳读等策略（Harding et al., 2015）。此外，笔者依据文本内容模仿高考命题的原则、思路，制作诊断测评试题一并上传至该平台。然后，让学生课下进行学习，引导学生抓住阅读材料的关键点，并借此提出问题，督促学生在靶向阅读学习的基础上反思。这样一来，通过"诊断阅读靶点—发现阅读问题—分析阅读靶点—提出解决对策—靶点对症练习—靶向阅读提高"的模式，帮助学生在语篇的语言实践活动中真正集知识学习、思维品质提升与技能发展为一体，实现了英语学科核心素养稳步形成和发展的目标。

5. 激发学生的靶向自主学习动机

聚焦高中英语核心素养的靶向阅读教学建构与实践的核心要义就是诊断出学生的弱项和强项并反馈给教师和学生，变被动为主动，鼓励学生对感兴趣的问题进行靶向自主探究，给予学生充分的自由和信任，使学生能够有一定的自主性。与此同时，在"查缺补益阅读"教学过程中，在学生出现偏差、遇到困难和问题的时候，及时对学生进行靶向引导和指正，让学生更加明确所要达成的靶向学习目标。

五、结语

学生通过靶向阅读学习，能充分地将语篇内容、课外知识、补益性素材等有机融合，扩充个体信息容量，优化课堂教学内容，促进主体充分参与，真正实现学生成为靶向自主学习主人翁的教学目标。但如何进一步开发更优的高中英语靶向阅读教学环境，以适应新课程标准的要求，使学生在主动探索、自主学习的过程中，提高和发展自身的信息获取、再加工的能力，如何全面系统地提高学生的阅读素养，还有待于我们不断研究、不断探索。

网络平台下高中英语教师靶向教科研模式探讨

"三新"背景下，传统英语教科研必须进行大刀阔斧的改革，由此应运而生了高中英语靶向教科研模式。高中英语教师靶向教科研的若干模式有利于在靶向教学实践中指导学生进行靶向学习，从而利用高中英语靶向教科研的优势来极大提高教师的教学积极性和教学能力。对于一线教师来说，加强对自身教科研能力的培养不是简单地上网查点资料，而是实实在在地培养与时俱进的靶向教科研能力。如今技术的发展使语言教学可以凭借信息技术来实现课程资源的整合，而且这种整合要求高中英语教师的教育教学瞄准靶点，精准施教，靶向解决问题。

一、关于"网络平台下高中英语教师靶向教科研阅读采集信息"性质的一些研究

英语教科研是高中英语课程教学中的重要环节，它既是英语课堂教学的必备前提，又是提升教师教学能力的重要途径；既能训练思维、发展智力，又能升华思想境界和审美境界。丰富的网络资源与网络信息传递快捷的优势较好地弥补了教师传统教科研的不足。网络资源丰富，打破了传统教科研的局限。网上的阅读资源浩如烟海，有组织、有选择地利用网络来开展靶向教科研，能使教师视野开阔，知识丰富，累积语言素材，靶向解

决疑难杂症，提高教科研水平。充分利用网上资源靶向开展教科研，不仅有益于教师教学能力的培养，更能使教师思想开明、心胸开阔、思维敏捷、因材施教。

电脑及网络所带来的非线性的网络思维、时空维度的压缩、信息传递的多感觉通道、人机对话的互动性、超文本的全方位辐射、将抽象化转变为现实化的能力、信息无终极的流动等，开拓出了全新的解读视野，为高中英语教师靶向教科研提供了无限可能，对高中英语教师靶向教科研产生了深远的影响。这主要表现在以下几个方面。

1.电脑多媒体技术为高中英语教师提供了多元化的、可供选择的阅读路径，从而真正实现个性化的靶向阅读

对于具有超文本手段链接的网络文章而言，实际上每个人的阅读方法都是不同的。基于网络的特性，即使是同一篇文章，每个人也不一定会按相同的顺序进行阅读，至于为了对文章有更好的理解，进一步获取相关的辅助资料的方法，更是不可能相同。因为每一篇可以链接的超级文本都存在着多种方式的辐射和组合。这种电子文本的非线性结构方式，对学生思维方式的现代化转型有着不可估量的潜在影响。

电脑多媒体技术淡化了高中教师在英语教学中的中心地位，教师成为靶向教学的一个引导者，靶向引导学生在浩瀚的网络资料面前进行主体性思考，以充分发掘学生潜在的优势，创造独特的认识价值，靶向高效学习。

2.信息技术能使教师靶向利用不同功能型的感觉通道去靶向感知同一作品的信息，从而获得更加形象、完整、深刻、系统的靶向认知

电脑文本解读所体现的新观念、新思想、非线性顺序的个性化阅读、特定主题的定向检索，会让高中英语教师产生新的网络思维方式。在采用新的书写媒体和网络来进行信息传递的情况下，人们大脑中形成一种新的思维框架。电子文本靶向利用"查找"或"定位"功能，可以超越时空顺序瞬间到达具体目标，这便是靶向教科研所急需的。传统文本属于线性叙事，事件的发展顺序都是精心安排的，有插叙、倒叙、补叙等，其叙事流

程也不可更改。由于电脑超文本的链接功能，读者靶向从电子文本的一点跳到另一点，从而打破了线性叙事的规律。多感觉通道的文本意义发掘体现了多媒体认知模式。电脑的多媒体手段，消解了不同感觉通道之间的界限，这意味着人们可以同时使用几种感觉，而且可以根据需要自由选择感知方式。它以电脑技术为基础，实现了不同媒体的新的艺术综合。多媒体包括文字媒体、声音媒体（包括音乐、语音）、图像媒体（包括图形、图像、动画、视频），它们之间可以进行信息的交互、转换和融合，靶向提供服务，完美实现靶向解决问题的初衷，从而使人们获得更加形象、完整、深刻、系统的靶向认知。

3.超文本的意义拓展和辐射体现了文本结构的靶向性和开放性

传统纸化文本的结构是封闭的，它们自成结构、彼此无关。我们阅读一部作品时，无法即时调用另一部作品的信息，更不能将另一部作品的信息纳入到阅读的作品结构中来。而超文本却超越了个别文本的局限，从而使众多文本互联为一个大文本系统。尽管我们需要的文本存储在世界各地的电脑终端，但只要建立了链接，调用另外的文本信息就易如反掌。除此之外，网络中心的消解和电脑终端的边缘化、网络信息的流动性，使电脑文本的表现形态处于一种灵活多变的格局，如读者与文本的靶向性对话，这就对阅读方式产生了靶向性影响。

二、"网络平台下高中英语教师靶向教科研"的基本模式

在高中英语靶向教科研实践中，以阅读者的参与形式和阅读目的为标准，笔者将"网络平台下高中英语教师靶向教科研"分为四种模式：网络平台下高中英语教师个体靶向教科研模式、网络平台下高中英语教师合作靶向教科研模式、网络平台下高中英语教师个体靶向探索式教科研模式、网络平台下高中英语教师合作靶向讨论式教科研模式。

网络平台下高中英语教师个体靶向教科研模式主要是指教师以个体对准靶点进行针对性活动、以获取对症信息完成某方面教与学的靶点任务为

目的而进行的教科研模式，这也是最基本的模式。

网络平台下高中英语教师合作靶向教科研模式主要是指教师以小组合作对准靶点进行针对性活动，分工完成某个专题（课题）项目的靶点任务而获取对症信息为目的而进行的教科研模式。

网络平台下高中英语教师个体靶向探索式教科研模式主要是指教师以个体对准靶点进行针对性活动、对所获取的信息进行深加工，以完成一个具体的靶点任务为目的而进行的教科研模式。

网络平台下高中英语教师合作靶向讨论式教科研模式主要是指教师以小组合作对准靶点进行针对性活动、对所获取的信息进行深加工，以完成一个具体的靶点任务为目的而进行的教科研模式。

三、"网络平台下高中英语教师靶向教科研"不同模式的探讨

传统英语学科教科研虽经若干年的探索、改革，取得了一定程度的发展，但其基本模式，即固定的地点（教室）、固定的施教者及其对象（教师）、固定的实施程序（整体传达—个体发言—回归整体）并没有发生根本性变化。由于传统英语教科研受到时间、地域、内容等方面的限制，教科研中施教者与教师以及教师与教师的交互性和协同性较差，从而导致了英语教科研的低效率。所以，"网络平台下高中英语教师靶向教科研"不同模式下的教科研方法既强调学习者（高中英语教师）的认知主体作用，也不忽视施教者（专家、学者、教授）的指导作用。网络技术正是创设真实情景、学习环境的最有效工具。多媒体网络技术由于能提供界面友好、形象直观的多面式学习环境，有利于学习者（高中英语教师）的主动探索、个性发展；能提供图文并茂的多感官综合刺激，有利于学习者（高中英语教师）更好地获取客观事物规律与内在联系的知识，从而促进学习者（高中英语教师）的认知结构的形成和发展。"网络平台下高中英语教师靶向教科研"能发挥相较于传统英语教科研的优势。

需要说明的是，"网络平台下高中英语教师靶向教科研"的不同模式，其教科研的方法有共性，也有个体的特性。那么，指导教师进行教科研有其相同的方法，也有适应个别特点的方法。现就它们的共性和共同的指导方法做初步的阐述。

（一）"网络平台下高中英语教师靶向教科研"不同模式的相同指导方法

面对网络的海量信息，教师的传统角色必须转变。首先，教师必须根据自身能力建构的阶段性特点，确定"网络平台下高中英语教师靶向教科研"的教学技能培养目标。其次，教师必须了解网页上相关资源的分布情况，以便在教科研时能迅捷地找到信息源。最后，教师必须考虑到教科研为课堂靶向教学服务这一大前提，充分发挥计算机诸多媒体的作用，利用声音、图像等媒介，靶向创造生动活泼的、可以激起自己教的积极性与学生学的浓厚兴趣的情境。

技术方面的指导也是必需的，就教师个体而言，其网络教科研经验不一定是全面的，教科研方法不一定是适用的，指导和交流是教科研前、教科研中避免浪费时间、少走弯路的重要保证。

1.明确靶点目标

如果把教科研的过程看作是一个信息加工过程，那么带着目的的靶向教科研才能有收获。教师要遵循靶向教学的基本原理，选定一个专题，并以此作为教科研的方向进行信息的靶向搜集，并就活动本身提出靶点目标，唤醒对相关经验、表象的意识。

2.靶向搜集资料

明白了自己要干什么，寻找信息就有了方向。网络信息虽唾手可得，但没有方法是无法高效得到自己所需要的资料的。利用现代电脑网络进行靶向专题检索是必需的手段。电脑网络检索比传统的图书馆检索覆盖面广、效率高，它的即时性是传统的图书馆检索无法比拟的。可以利用以下几种方式进行全方位的靶向信息检索。

第一，专门网络搜索引擎。对于寻找英语资料的常见网站来说，百度当然是使用最广泛的，其他如中文雅虎、搜狐等也可以作为我们选择的对象。我们可以输入主题词来靶向检索相关信息。

第二，本地终端的搜索功能。在靶向搜集的过程中，瞄准靶点目标随时制作电子读书卡片或纸质卡片记录素材，将相关文字、图片有机结合。这一靶向搜集信息过程的展开可以贯穿课内课外、校内校外等不同的时段与活动类型。

3.靶向归类整理

对于搜集到的信息的靶向整理，不仅要在完成教科研任务时进行，平时也可作为常规活动进行，可以靶向分门别类整理信息，建立系统的教科研资料库。教师在积累资料过程中，要注重不断使知识系统化，使纷繁、复杂、无序的信息转化为系统化的知识，培养自我学习、自我探索规律的能力。

（二）"网络平台下高中英语教师靶向教科研"不同模式的不同的指导方法

1.网络平台下高中英语教师个体靶向教科研模式的指导方法

网络平台下高中英语教师个体靶向教科研模式下，教师以个体的方式，完成自己的教科研任务，实现教师自己制定的教科研目标。所以，它强调教师以自己的视角去选择、组织、运用网上的教科研资源。教科研过程往往不是全面系统的，而是以构建自身对某一问题的理解为终极目标。它有三个鲜明的特点：随时性——时间上、空间上的方便自如，只要教师自己需要，随时可进入相应的网站开始新的搜索或继续上一次的搜索以完成自己设定的教科研任务；自主性——它包含主动获取知识的能动性、自主选择权利这两层含义；探究性——教师不再像以前那样从同行那里或从参考书中固定文章篇目获取信息，而是在世界上最大的信息资源库中通过探索和学习，寻找自己认为有价值或有兴趣的资料进行学习，获得与个人知识体系相联系的知识。

良好的个人信息素养是这种教科研模式取得成功的关键。因为这种模式主要是人直接与机器进行对话。教师主要从网上获得所需的教科研资源，而网络信息资源与书本、广播、电视等传统媒体有着明显的区别，如信息量大、来源广、结构复杂、分散无序等。学习者必须学会使用网络平台提供的工具，有效地确定信息，批判性地评价信息，创造性地运用信息。当然，学习者的信息素养中，最重要的一种能力就是摒除繁冗信息的能力。

2.网络平台下高中英语教师合作靶向教科研模式的指导方法

这种教科研模式主要是指教师以小组合作进行活动、分工完成某个专题项目而获取信息为目的而进行的教科研模式。在对网络教育模式的探索中，我们发现网上教科研非常适合小组合作解决问题。协同工作的网络学习模式将是未来网上教科研的重要组织形式。首先，网络平台为教师的网络协作打开了方便之门，教师只要按要求设定分组条件（如按知识水平、知识兴趣或年龄），系统就自动将教师分组，同时自动产生相关的一系列的设施设定，如教科研小组的主页、教科研小组讨论园地、教科研小组的邮件列表等。教师可以以教科研小组为单位，按照为教科研小组成员布置的特别教学任务通过网络进行讨论交流。这种协作式的交流与分享，使参与其中的教师在越来越少的指导下，寻找、分享获取知识，互相学习。每个学习者自身就是知识的享受者、产生者与知识更新的传播者。在参与过程中，教师分享各自的教科研心得，并将之传递给团体，成员在互相讨论中消除彼此研究的不确定性，教师可在他人的帮助下提高认识水平，并逐渐成为自己和他人学习的积极推进力量。

3.网络平台下高中英语教师个体靶向探索式教科研模式的指导方法

这种教科研模式主要是指教师以个体进行活动、对所获取的信息进行深加工，以完成一个具体的任务为目的而进行的教科研模式，用来支持教师在"分析、综合和评价"级别上的思考。和前两种模式不同的是，这里强调的不再是建构一个知识框架，而是运用已经获得的知识解决问题。这种教科研模式彻底改变了传统教科研模式中教师总是处于被动地接受专家、学者、教授讲授知识的状态，使教师始终处于探索知识的主动地位，因而能有效激发教师在教科研过程中的学习兴趣和创造欲望。教师应大胆进行探索式教科研模式的实践。这要求教师：寻求一个可能完成的并且有趣的任务，寻求完成任务所必需的信息资源，对探索学习的过程进行描述，即教师探索学习的步骤，每一步都有清晰的指导说明，对如何组织已获得信息的寻求指导。寻求的指导可以是问题求解的"导航"，也可以是如何完成任务的指导框架，如时间进度、概念图表、因果分析图示等，以得出探索式教科研的结论。

4.网络平台下高中英语教师合作靶向讨论式教科研模式的指导方法

这种教科研模式主要是指教师以小组合作进行活动、对所获取的信息进行深加工，以完成一个具体的任务为目的而进行的教科研模式。小组合作探究教科研是以小组活动为主体而进行的一种教科研活动。这是它区别于传统教科研的最本质的特征，它的所有环节都必须以此为核心。小组的组建是为小组活动提供活动的形式与空间。探究是同事间的互助合作活动，其目的就在于促进小组成员之间的互助与探究合作，并以此作为教科研活动的动力。各组组内成员都必须视小组的成功为个人的成功，每一个成员不仅要自己学会要求掌握的知识，而且还要关心和帮助组内的其他成员。所以，教师既要有分工又有合作，甚至可以采取"角色扮演"方式开展探究活动，帮助那些暂时不能单凭自己的能力去完成任务的教师，为他们提供一些帮助，使之最终形成在没有他人帮助的情况下独立完成复杂任务的能力。

四、参研教师前后教科研成绩对照表

通过多年实践，参研教师的教科研水平大大提升，成绩显著。借助参与实验的教师前后教科研成绩对照表（表1），应该有更好的说服力。

表1　2024年外语组教师教科研成绩表

项目	Z老师		H老师		S老师		L老师		T老师		X老师		W老师	
实验前后	前	后	前	后	前	后	前	后	前	后	前	后	前	后
国家级	0	1	0	1	0	1	0	1	0	1	1	3	1	3
省级	0	2	0	3	0	2	0	2	0	1	2	5	2	4

说明：

1. 表中数字为发表或获奖论文的篇数（市级暂没有列入）。

2. 所发表刊物均为各级各类正规合法有刊号的刊物。

3. 所获奖项均有各级各类正规教研部门颁发的证书。

4. 表中没有列出真实姓名，而采用姓氏标注。

五、结语

网络的无限延伸特性为高中英语教师靶向教科研带来了新的契机，更为教师开辟了自由发展的空间。我们要让网络平台下高中英语教师靶向教科研真正为高中英语靶向教学服务，以期更好地提升教师的教科研水平与教学能力。

普通高中英语课程标准靶向研究刍议

为发展学生学科核心素养，促进学生必备品格和关键能力的养成，更好地建构和实践靶向阅读教学校本课程，有必要对普通高中英语课程标准进行靶向研究，力求满足英语课程发展需要，推动英语课程改革可持续发展。

一、宏观对比与分析

2017年颁布的《普通高中英语课程标准（2017年版2020年修订）》（下称：课标2017年版）框架内容是在2003年颁布的《普通高中英语课程标准（实验）》（下称：课标实验版）基础上的整体提升。基于课标实验版的不足与问题，课标2017年版增加了核心素养内涵、课程内容、学业质量、教学研究与教师培训、核心素养学段特征等内容，其增添和修改都指向对学生核心素养发展的追求。具体体现在以下五个方面。

第一，课标2017年版性质和理念更先进，弥补了课标实验版表述笼统、涉及范围狭窄，重点模糊，难以借鉴的缺点。同时，课标实验版所追求的素质教育，对学生发展要求不够全面。课标2017年版提出核心素养发展要求，更加综合和深刻，彰显新时代精神。

第二，课标2017年版目标由学科知识本位转向核心素养本位，将核心素养作为其凝聚的内核，弥补了课标实验版具体分级目标散乱的缺陷，阐释准确而完整的学段目标表现。

第三，课标2017年版课程内容顺应互联网时代发展的新趋势，紧密贴合社会发展和学生生活，有机融入跨学科综合实践活动，积极调整学段间的过渡与衔接，弥补了课标实验版较为传统、内容单一、实践性弱、学段间衔接不连贯的不足。

第四，课标2017年版课程实施促进教、学、评方式的变革，将课标实验版不精准的教学目标与教学立足点、盲目的教学拓展转化为目标清晰、重点突出、实践性强的整体性教学；将碎片化和模式化的浅层学习转化为体现整合性、关联性和发展性的深度学习；将课标实验版单一、缺失具体的标准而各行其是的评价转化为形式丰富、原则明确、标准具体的综合性评价。其教学模式、学习方式与评价体系高度契合，具有内在一致性。

第五，课标2017年版将课标实验版缺失的教学研究与教师培训部分放在了至关重要的位置。课标实验版缺失对教学研究与教师培训的关注，不利于英语教学的突破和可持续发展。

综上可知，课标2017年版的科学性、时代性和方向性充分凸显，全方位、立体化弥补了课标实验版的不足。

二、微观对比与分析

从微观角度看，一方面，课标实验版没有跳出语言知识层层累加的条条框框，在实践中，与此相对应的是限制了语言知识的教学拓展。另一方面，课标实验版的线性特征体现在语言技能之间的相互脱节，一个课时针对一个话题，以一到两项语言技能的教授和训练为主，忽视了学生综合语言能力的提高，同时，其线性特征还体现在教、学、评三者之间的割裂。与此截然不同的是，课标2017年版不再以线性的和累加的方式指导课堂教学，而是以纵向衔接和横向呼应的方式，强化知识间的内在关联，对课程性质、理念、目标、内容、实施这五大关键要素做出了修订，增加了学业质量的内容，融入跨学科思维，促进学生核心素养的发展，体现其育人价值和育人功能，有利于提高课堂教学质量。

1.课程性质

课标 2017 年版对课程性质的修订可谓是与时俱进、顺时应景，修订后的内涵更加契合当下的育人导向。第一，课标 2017 年版确立以立德树人为根本任务的英语课程性质，落实"双减"政策。同时，此番修订更强调语言的人文性这一属性，即英语学习对促进人的全面发展所起的作用，如对文化理解、文化比较、文化汲取等起到的作用，以及对客观、理性地看待世界，树立国际视野、涵养家国情怀、坚定文化自信等发挥的作用。正如张宏丽（2022）所说："学习语言不是最终目的，在语言学习的过程中探究意义、解决问题，最终形成素养才是目的所在"。第二，课标 2017 年版所彰显的理念清楚地阐释了英语学科的本质及其作用，英语课程的特征以及育人功能。新修订的课程性质强调了英语语言的属性，突出其重点，阐明了语言学习的最终目的，由此，课程理念也发生了相应变化。

2.课程理念

较之课标实验版课程理念，课标 2017 年版更加注重围绕"发展学生核心素养"来处理课程理念的各层面关系，坚持"发展学生核心素养"这一新时代理念的高位引领。

一方面，课标 2017 年版的课程理念在立场、追求、教学评关系处理、资源利用等方面与课标实验版差别明显。此番修订以习近平新时代中国特色社会主义思想为指导，确立以立德树人为根本任务的英语课程理念，渗透了对学科育人与立德树人的阐释，尤其强调了学生的核心素养而非素质教育，注重教学评的一体化设计。

另一方面，课标实验版理念表述过于宏观，诸多关键问题未作出系统回应，难以参考借鉴。关注学生哪些方面的特点和差异、关注后应当如何操作、从哪些方面操作、如何选择和组织课程内容、在"充分考虑语言学习的渐进性和持续性"之后该如何去做，都束之高阁，没能给一线教师提供良方。而课标 2017 年版不仅对这些关键问题作出了回应，而且还提供了解决问题的方案，比如充分考虑学生学习条件、学习时限和学生学习经验等方面的差异；课程以分级体系为依据，选择和组织课程内容要以主题为引领；在思想上要"重视语言学习的实践性和应用性"，更要在行动上"践行学思结合、用创为本的英语学习活动观"等，进一步明确了以核心素养作为课程靶点，靶向切中课程目标等关键环节，真正实现靶向教学。

3.课程目标

顺应新时代教育发展的需要，课标2017年版明确了核心素养的概念，进一步明确了高中教育阶段的育人目标，并不再沿用课标实验版所提出的课程目标分类，而是改为以下四个学段目标，与核心素养的四个层面一一对应。

第一，语言能力目标上，从感知与积累、习得与建构以及表达与交流方面，对不同学段的学生，在语言知识和语言技能上有更细致的要求。另外，此番修订提出并强化语篇和主题概念，让二者协同发挥统领作用。

第二，文化意识目标上，主要有两点变化。一是主题与文化知识的选取有所变化。课标实验版的文化意识目标主要关注外国文化和中外文化异同，反映其目标文化结构失衡的问题。而课标2017年版更强调中国文化，树立文化自信，注重价值引领，展现新时代发展成就，激发爱国热情。这与习近平新时代中国特色社会主义思想相契合。同时，课标2017年版文化意识目标从"了解"优秀文化到"鉴赏"优秀文化；从"意识到""理解和认识"中外文化异同到"描述文化现象与文化差异"，体现了从碎片化的表层学习走向深度学习的过程。二是培育文化意识的方式有所变化。课标2017年版将培育文化意识的方式具体化，对主题和文化知识的选取、学习和内化提出具体要求（蒋京丽，2022）。

第三，思维品质目标上，课标实验版未对思维能力和品质给予足够重视，而课标2017年版新增了这一目标，一方面指向语言技能的发展，另一方面指向语篇知识的运用。语篇概念在思维品质学段目标中占重要位置，贯穿整个思维品质学段目标。此番修订强化了对学生逻辑思维、辩证思维和创新思维的要求。

第四，学习能力目标上，其具体要求主要是统筹学习策略的确定和培养（蒋京丽，2022）。课标实验版的学习策略目标所阐释的目标存在以下缺憾："适当的学习方法"的标准是什么？怎样"计划和安排学习任务"算作是达成"合理"目标？当目前的学习方法不适用时，调整策略的依据是什么？课标实验版未回应以上关键问题，而课标2017年版不仅弥补了课标实验版学习策略目标过于笼统的不足，而且在选择与调整部分阐释具体学习策略目标时能层层递进。首先，强调制订计划，预习和复习所学内容。其次，强调总结在学习过程中的进步与不足，从"能意识到"到"能了解"、"能主动反思"学生英语学习的进步与不足，并根据学生自己的具体情况作出调整，找到适合学生自己的学习方法。最后，强调借助各种学习渠道来培养学生的思维品质。在合作与探究能力目标方面，此番修订将合作与探究能力目标向前延伸，力求培养学生的发散性思维与探究精神；要求学生"尝试通过多种方式发现并解决语言学习中的问题"，并"积极进行拓展性运用"，体现对人的全面发展的追求。

4.课程内容

两版课程内容在构成要素、学科知识处理方式、衔接等方面亦存在很大差异，体现出它们在育人价值方面、结构化程度、实践性等方面的本质差别。

首先，此番修订强化了育人价值，落实立德树人根本任务，贯彻中共中央、国务院和教育部的相关文件精神，对于培养德才兼备的时代新人有重要意义。

其次，课标实验版将课程内容聚焦为词汇、语法知识以及听说读写等技能，缺少新时代意义上的核心素养表现水平。课标2017年版课程内容并非局限于语言知识和技能，而是将实践融入核心素养的发展，不再囿于形式和表面。同时，此番修订强化了语篇和主题概念，注重培养语用意识，更重视学生在语篇理解的基础上，在主题活动中进行体验、感知、模仿、观察、反思、合作、交流等实践活动，运用语言知识解决问题。这是深度学习的过程。另外，不再以课时为单位而是以基于学科大观念的单元整体教学为单位是课标2017年版的一大突破与发展。育人导向走深走实，学生从浅表学习走向深度学习重现光景。

最后，此番修订构建了有助于核心素养培养的英语课程内容和教学体系，有利于让课程"活"起来，"动"起来，让学生进入课程，让课程内容变为学生主动学习的活动，更有利于从学科知识本位转向核心素养本位，凸显育人价值。

5.学业质量

在学业质量方面，课标实验版未提出相关内容；而课标2017年版将学业质量放在重要位置。相比之下，它在充分考虑时代变化发展的基础上，系统性地描述了不同学段学生具体的学业成就表现，反映核心素养要求。教师可以根据学业质量标准对学生学业成就具体特征的整体刻画，在教学过程中判断学生达到哪一级别的标准，为教师提供基本的行动指南，帮助教师深入了解学生的学习情况，有助于教师靶向教学和精准施教。

6.课程实施

在教学建议与评价建议上，课标2017年版弥补了课标实验版的不足，其实践性和可操作性更强。一方面，课标2017年版的教学建议很好地将教学理念转化为可操作的具体教学实践，帮助教师避免授课模式化。另一方面，课标实验版在评价方面突出的问题在于其提出的教学要求与现实考试评价的实际操作尚不能很好地协调一致（陈力，2012）。从本质上说，课标2017年版的评价形式可共同进行，相互作用，寻求反馈，有利于实现"以学定教，以教定评，以评促学，以评促教"的良性循环。同时，课程资源的开发与利用有所突破。教学研究与教师培训上，课标2017年版回答了诸多关键问题，引起教育工作者重视，具有启发性。

三、思考与讨论

课标实验版在当时的时代背景下有其现实意义。但它的"启发性、实操性，育人性、指导性，丰富性和严密性"等方面特征明显不及课标2017年版。

1. 启发性与实操性

课程性质上，课标 2017 年版对教师更具启发性。课标 2017 年版指导教师让学生在语言学习的过程中探究意义、解决问题，形成素养；让教师明白英语及其作用，英语课程的特征和育人功能，利于教师深刻理解英语教与学的本质。课程理念上，启发教师进行教学评一体化设计，利于教师提升课堂教学质量，转化学生不良负担，实现减负提质。资源利用上，启发教师突破传统，顺应数字时代发展趋势。课程内容上，突破教授语言知识和技能的局限，基于核心素养对课程内容进行结构化整合处理，其构成要素、课程观、学科知识的处理方式、衔接的转变启发教师有效处理六要素之间的关系，推进英语学习活动观教学实施的落地落细。课程实施上，为教师提供具体的操作手段，针对学校如何组织和开展教研和培训活动、教师如何研读教材、课题研究如何去做等，给出了具体的建议，具有很强的启发性和实操性。

2. 育人性与指导性

课标 2017 年版所展现的新型育人模式具有高度育人性和指导性。第一，课标 2017 年版将对素质教育的追求转化为对学生核心素养的培育。第二，课标 2017 年版把课程的育人目标渗透在具体的课程内容与课程实施中，凸显其育人导向。第三，课标 2017 年版将课标实验版课程内容中的话题改为主题，其育人功能充分凸显；课程育人的载体和途径被明确指出；增加的"看"这一技能，让课程育人的方式更丰富。一言以蔽之，课标 2017 年版具有更明确的育人功能、特定的育人载体和途径、固定的育人使命和丰富的育人方式，立足我国国情，不仅体现其育人性，还具有指导性。在课程性质的界定、课程理念的发展、课程内容组织与选取、学业质量的研制、课程实施的建议上提出了指导性意见，与习近平新时代中国特色社会主义思想相契合，对提高课堂教学的质量有指导性意义。

3. 丰富性与严密性

课标 2017 年版所体现出的丰富性主要有以下几个方面：第一，以单元为教学单位，弥补了课标实验版浅显和碎片化的课时教学的弊端，在主题的引领下，让学生对渗透在语篇中的语言知识和文化知识有深刻而完整的理解，对语言技能有更综合的训练，在此过程中，总结出有效的学习策略，引导学生的自我发展。六大要素相互融合，协同发展学生核心素养，体现出课程意义的层次。第二，让实践活动渗透到课程之中，不再囿于形式和表面，为课堂教学提供了多种可能性。课标实验版虽提出重视实践，但在现实中，难以将其付诸课堂教学，实践活动与课程内容和教学目标相互割裂，难免出现套路性的"为探究而探究，为讨论而讨论"现象，因而变成"模式化的伪实践"。

课标2017年版虽具有丰富性特征，但它并未因为其内容丰富开放而松散和杂乱无章，相反，它具有高度严密性。课标实验版理念过于宏观、目标要求过于上位、实施建议较为笼统等，难以借鉴参考，其解释性相对较弱，不符合严密性的标准。相比之下，一方面，课标2017年版提供了详尽的对课程性质、课程理念的诠释，对课程目标和课程内容的具体解释，对学业质量和课程实施具有启发性的标准和建议，充分体现其解释性。另一方面，学生学情上，课标2017年版提出教师可以在充分考虑学生学习条件、学习时限和学生学习经验等这些不确定因素后，对教学进行合理而灵活的调整；课程内容上，起引领作用的主题和作为依托的语篇选取是具有不确定性的，可在既定的范围内灵活选取不同的主题和语篇；课程实施上，合理开发的素材性资源是不确定的。解释性和不确定性的完美组合不仅充分展现了课标2017年版的严密性，而且彰显出修订组专家们的高屋建瓴和深厚底蕴。

综上所述，在对课标实验版继承和发展的基础上，课标2017年版将对未来我国高中教育阶段英语学科的教学与研究产生深邃而又不凡的影响。

附 录

附录1 靶向阅读教学学生习作
"查缺补益阅读"实践过程中常见错误举隅

参研教师整理了高中英语靶向阅读教学研究开展以来课后"查缺补益阅读"阶段的学生作业批改记录，将这些读后输出错误整理如下。

例①

1.During I am away, please look after my dog.（×）

While I am away, please look after my dog.（√）

During my absence, please look after my dog.（√）

［分析］during是介词，后面不能接从句，只能接名词；while是连词，后面接从句。

2.They showed us to visit their farm.（×）

They showed their farm to us.（×）

They showed us around their farm.（√）

［分析］在"show sb. around sp."中，show是"带领"的意思，意同lead、conduct、guide，不能说"show sb. to do sth."，"show sb."后面往往接介词或副词，如"He showed me in / into the meeting room."。在"show sth. to sb."中，show是"拿某物给某人看"的意思。

Exercises: Translate the following sentences into English.

1.你来时，我将带你参观我们的学校。

2.我在北京逗留期间参观了很多地方。

Keys:

1.When you come, I'll show you around our school.

2.While I stayed / During my stay in Beijing, I travelled a lot.

例②

1.The doctor suggested me to give up smoking. （×）

　The doctor advised me to give up smoking. （√）

　The doctor suggested / advised that I（should）give up smoking. （√）

［分析］英语通常用"suggest doing sth."，而不能用"suggest to do sth."表示"建议某人做某事"。

2.His parents agreed him to watch TV. （×）

　His parents allowed / permitted him to watch TV. （√）

［分析］"同意某人做某事"应该用"agree with sb. to do sth."或是"agree to do sth."。

3.I hope him to come to the party. （×）

　I expect him to come to the party. （√）

　I hope（that）he will come to the party. （√）

［分析］"hope sb. to do sth."表达错误，正确的应是"hope（that）sb. do sth."。

4.The teacher demands us to learn all the new words by heart. （×）

　The teacher requires us to learn all the new words by heart. （√）

　The teacher demands /requires that we（should）learn all the new words by heart. （√）

［分析］英语中有些动词是不能接"sb. to do sth."的，如 hope、suggest、demand、agree 等。

Exercises: Translate the following sentences into English.

1.我建议你多锻炼身体。

2.爸爸同意我参加足球队。

3.老师要求我们星期五以前必须交上作文。

4.我希望你能给我这个机会。

Keys:

1.I suggest you take more exercises. / I advise you to take more exercises.

2. My father permitted me to join the football team.

3.The teacher required us to hand in the compositions by Friday.

4.I hope you can give me this chance.

例③

1.Across the bridge and you'll see a forest. （×）

 Cross the bridge and you'll see a forest. （√）

[分析] 祈使句要用动词原形开头。

2.The boss made us working day and night. （×）

 The boss kept / had us working day and night. （√）

 The boss made us work day and night. （√）

[分析] "make sb. do sth." 中的make是使役动词，不接doing。

3.他习惯于早起。

He is used to get up early. （×）

He is used to getting up early. （√）

[分析] "used to do sth." 意思是"过去常常做某事"，如"He used to get up early.（他过去常常早起。）"。而"be used to sth. / doing sth."意思是"习惯于……"，其中，to为介词，如"He is/has got used to this life.（他已经习惯这种生活了。）"。

Exercises: Translate the following sentences into English.

1.沿着大街往前走，直到红绿灯。

2.木头可以用来造纸，做桌椅。

3.我们过去曾经是朋友。但是，后来我们吵架了。

4.他已经习惯于用冷水洗澡了。

Keys:

1.Go along the street until you get to the traffic light.

2.Wood can be used to make paper, desks and chairs.

3.We used to be friends. But later we quarrelled.

4.He has got / is used to bathing in cold water.

例④

He has joined the army for ten years. （×）

He has been in the army for ten years. （√）

［分析］join 是短暂性动词，不能和 for 连用。

Exercises: Please correct the following sentences.

1.He has died for two years. （×）

2.The meeting has begun for five minutes. （×）

3.How long may I borrow the book? （×）

4.How long have you bought the car? （×）

5.He has left for an hour. （×）

6.He has come for a long time. （×）

7.He has married for ten years. （×）

Keys:

1.He has been dead for two years. / He died two years ago.

2.The meeting has been on for five minutes./ The meeting began five minutes

ago.

3.How long may I keep the book?

4.How long have you had the car?

5.He has been away for an hour.

6.He has been here for a long time.

7.He has been married for ten years.

例⑤

1.事故中有很多人丧生。

There were many people were killed in the accident. (×)

Many people were killed in the accident. (√)

There were many people killed in the accident. (√)

[分析] 存在句型"There be"实际上是一个倒装句，如"There is a book on the desk."实际上与"A book is on the desk."意思相同。而且，汉语中的"有"不一定非得翻译成There be结构。

2.We welcome you to visit China. (×)

（You are）Wecome to visit China. (√)

[分析] 作动词时，welcome的意思是"greet sb. on his arrival"，即"迎接"，如"When we got to the farm, the farmers welcomed us warmly."作形容词时，意思是"received with pleasure"，即"受欢迎的"，如"Whenever you come, you are weldome."，又如"Your advice is welcome."。我们不能说"welcome sb. to do sth."，但是可以说"sb. is welcome to do sth."，如"You are welcome to visit me whenever you like."，又如"You are welcome to use my car any time."。

Exercises: Choose the right answer to fill in the blanks.

1.There are some students _____ outside.

A.waiting　　B.are waiting　　　C.waited

2.When we arrived, we were warmly _____.

A.welcome　　B.welcomed

3.When the new book came out, it was warmly _____.

A.welcome　　B.welcomed

4.There _____（be）a football match held between our school and No. 2 High School this afternoon.

Keys:

1.A.　2.B　3.B.　4.will be

例⑥

I waited two hours until he came back.（×）

I waited until he came back.（√）

I waited two hours before he came back.（√）

［分析］until 句的主句中没有表示时间长短的状语，before 句的主句中有表示时间长短的状语。until 引导的句子有两种情况，主句的动词是延续性动词时就用肯定句，译作"一直到"，如"I waited until he came back.（我一直等到她回来。）"。主句的动词是短暂性动词时就用否定句，译作"直到……才……"，如"I didn't leave until he came back.（直到他回来我才离开。）"。before 句也有两种情况，肯定句中使用表示时间长或者是次数多的词语，译作"过了（多长时间）才……"，如"I waited two hours before he came back.（我等了两个小时他才回来。）"，又如"He had to be called many times before he came.（得叫上很多次他才来。）"。否定句中使用表示时间很短的词语，译作"（时间不长）就……"，如"I didn't wait long before he came.（我等了不长时间他就来了。）"。

Exercises: Translate the following sentences into English.

1.直到车停了才下车。

2.过了好几年我才意识到我的错误。

3.不久我们就会见面的。

4.得过很长时间后我们才能见面。

Keys:

1.Don't get off until the bus stops.

2.It was years before I realized my mistake.

3.I won't be long before we meet again.

4.It will be long before we meet again.

例⑦

1.The earth is round is known to all.（×）

That the earth is round is known to all. （√）

It is known to all that the earth is round. （√）

［分析］that 是主语从句的标志，如果没有 that，句子就出现了两个谓语。

2.She didn't come to school yesterday. Because she was ill. （×）

She didn't come to school yesterday because she was ill. （√）

Because she was ill, she didn't come to school yesterday. （√）

［分析］because 是从属连词，后接从句，不能引导独立的句子。

3. Someone was digging holes. Someone was carrying water. Someone was planting trees. （×）

Some were digging holes. Some were carrying water. Others were planting trees. （√）

［分析］汉语中的"有的……有的……有的……"在英语中表达为"some...some...others..."；someone 是"某个人"的意思。

Exercises: Translate the following sentences into English.

1.有人擦窗户，有人扫地，有人整理桌椅。

2.我们掌握一两门外语是很有必要的。

Keys:

1.Some cleaned the windows. Some swept the floor. Others tidied the desks and chairs.

2.It is necessary that we should master one or two foreign languages.

例⑧

1.It was at ten when I got home. （×）

It was at ten that I got home. （√）

2.It was at the gate where I found the wallet. （×）

It was at the gate that I found the wallet. （√）

［分析］在强调句型"It is ...that ..."中，不管是强调什么成分，一般

都是用that。强调人时，可以使用who。

3.It was ten that I got home.（×）

　　It was ten when I got home.（√）

　　[分析] 这一句不是强调句型，"it"代指时间。强调时间时，一般要强调整个的时间状语，即"It was at ten that I got home."。

Exercises: Please use emphasis sentence patterns to emphasize the four components in the following sentence separately, and then turn them into special interrogation sentences.

I　found this wallet　at the school gate　yesterday morning.

（1）　　（2）　　　　　　（3）　　　　　　（4）

Keys:

（1）It was I that / who found this wallet at the school gate yesterday morning.

Who was it that found this wallet at the school gate yesterday morning?

（2）It was this wallet that I found at the school gate yesterday morning.

What was it that you found at the school gate yesterday morning?

（3）It was at the school gate that I found this wallet yesterday morning.

Where was it that you found this wallet yesterday morning?

（4）It was yesterday morning that I found this wallet at the school gate.

When was it that you found this wallet at the school gate?

例⑨

1.The book is very worth reading.（×）

　　The book is well worth reading.（√）

　　[分析] worth 是介词，不能用 very 修饰介词，well 可以用来修饰介词，如"The top of the tree is well above the house."，又如"She is well over forty years old."。

2.The book is worth being read.（×）

　　The book is worth reading.（√）

3.*The students rushed out from the classroom.*（×）

The students rushed out of the classroom.（√）

［分析］"out of"是一个合成介词，是into的反义词，意思是"从……出去"。

4.My home is ten kilometers far away from my school.（×）

My home is ten kilometers away from my school.（√）

My home is far away from my school.（√）

Exercises: Translate the following sentences into English.

1.一件事情你觉得值得做，你就必须把它做好。

2.这场电影很值得一看。

3.不要往窗外看。

4.东营离北京有400多公里。

Keys:

1.You must do well what you think is worth doing.

2.This film is well worth seeing.

3.Don't look out of the window.

4.It is more than 400 kilometers from Dongying to Beijing. /

Dongying is more than 400 kilometers away from Beijing.

例⑩

1.I don't know how to do with such a situation.（×）

I don't know what to do with such a situation.（√）

I don't know how to deal with such a situation.（√）

［分析］what 做及物动词do的宾语。

2.You must have come five minutes earlier.（×）

You should have come five minutes earlier.（√）

［分析］"must+完成时"表示对过去肯定的猜测，译作"肯定是"；"should+完成时"表示对过去的后悔或责备，译作"本应该"。

3.I had never cooked by myself. So the rice was burnt. （×）

　I had never cooked myself. So the rice was burnt. （√）

［分析］by oneself 独自；oneself 亲自。

Exercises: Choose the right answer to fill in the blanks.

1._____ shall we do with this problem?

A. What　B. How

2._____ shall we deal with this problem?

A. What　B. How

3.It is ten now. He ought to have come. He _____ have missed the bus.

A. must　B. should

4.I _____ not have taken a taxi. It is so near.

A.must　B.should

Keys:

1.A　2.B　3.A　4.B

例⑪

1.If we will go or not depends on the weather. （×）

　Whether we will go or not depends on the weather. （√）

［分析］if不能引导主语从句、表语从句、同位语从句。

2.Who does want a tutor? （×）

　Who wants a tutor? （√）

［分析］who作主语时不用倒装句。

3.I have not brothers. （×）

　I have no brothers. （√）

　I have not any brothers. （√）

［分析］no是形容词，后接名词，相当于not any。

4.I go to school everyday. （×）

　I go to school every day. （√）

〔分析〕everyday 是形容词。

5.We'll have an exam in next week. （×）

　We'll have an exam next week. （√）

〔分析〕next、last、this、that 的时间状语前面一般不用介词。

Exercises: Complete the questions according to the following requirements.

1.A. if　B. whether

（1）I don't know _____ he will come.

（2）I have no idea _____ he will come.

2. We use _____ （1）English _____ （2）. A. everyday　B. every day

3. 翻译：（1）今天下午我们将打篮球。（2）上个月他从北京回来了。

Keys:

1.（1）A or B　（2）B

2.（1）A　（2）B

3.（1）We are going to play basketball this afternoon.

　（2）He came back from Beijing last month.

例⑫

1.Our teacher tells us to study Lei Feng. （×）

　Our teacher tells us to learn from Lei Feng. （√）

〔分析〕如果想要表达"向某人学习"的意思，可以使用 learn from sb. 或 study under sb.。

2.However the work is hard, we must finish it on time. （×）

　However hard the work is, we must finish it on time. （√）

　No matter how hard the work is, we must finish it on time. （√）

〔分析〕how 要跟它所修饰的形容词或副词连在一起。

3.Being given more time, I could have done the work better. （×）

　Given more time, I could have done the work better. （√）

〔分析〕"given"这里是作为过去分词形式，用来修饰名词"time"，构成一个过去分词作形容词的用法。

4.I am looking forward to hear from you.（×）

I am looking forward to hearing from you.（√）

［分析］"looking forward to"是一个常用的短语，后面接名词、代词或动名词，表示"期待某件事情"。

Exercises: Translate the following sentences into English.

1.我们要互相帮助互相学习。

2.不管一首诗翻译得多么好，都会失去原作的一些神韵。

3.不管你想借哪本书，我都借给你。

4.我们热切盼望再次见到你。

5.当问到小女孩的父亲时，她哭了。

Keys:

1.We must help and learn from each other.

2.However well / No matter how well a poem is translated, something of the spirit of the original work is lost.

3.Whatever book / No matter what book you like to borrow, I will lend it to you.

4.We are so much looking forward to seeing you again.

5.When asked about her father, the girl cried.

例⑬

1.Study English is very important to us all.（×）

To study English is very important to us all.（√）

［分析］动词短语不能作主语。

2.The ball hit Mr Smith's head.（×）

The ball hit Mr Smith on his head.（×）

The ball hit Mr Smith on the head.（√）

［分析］描述身体部位时，若该部位位于介词短语中且动作涉及该部

位的被动触及时，需要使用定冠词"the"。

3.He speaks English very good.（×）

He speaks English very well.（√）

He speaks very good English.（√）

［分析］动宾结构后面要用副词作状语。

4.My English is very badly.（×）

My English is very poor.（√）

［分析］badly是副词，poor是形容词，此处是系表结构，用来描述主语的性质或特征。

5.I tried on the coat. It wasn't fit for me.（×）

I tried on the coat. It didn't fit me.（√）

［分析］"be fit for"意为"be suitable for"，即"对……合适"，其中fit是形容词；fit作动词时，意为"大小一致，吻合"。

Exercises: Translate the following sentences into English.

1.说起来容易做起来难。

2.汤姆打了鲍勃的脸。

3.这水不适合喝。

4.每块石头都恰到好处。

5.这双鞋子不合我的脚。

6.这把钥匙打不开这把锁。

Keys:

1.To say is easy while to do is difficult. / It is easy to say while it is difficult to do.

2.Tom hit Bob in his face.

3.This water isn't fit for drinking / to drink.

4.Each stone fits very well.

5.These shoes don't fit（me）/（my feet）.

6.The key does't fit the lock.

例⑭

1.We set the table while our mother was preparing for dinner.（×）

We set the table while our mother was preparing dinner.（√）

[分析]"prepare" 意思是 "get sth. ready"；"prepare for" 意思是 "get ready for"。

2.The women fell down her bike.（×）

The women fell off her bike.（√）

[分析]"fall down" 侧重强调 "滑倒、倒下"，后接宾语时应加上介词 from；"fall off" 侧重强调 "跌落、从上掉下来"，后直接接宾语。

3.Having seen her mother, the girl burst into tears.（×）

Seeing her mother, the girl burst into tears.（√）

[分析]"see（看见）" 和 "burst into tearsc（哭）" 虽然有先有后，但几乎是同时发生，所以不用完成时。

4.Having not received Mary's letter, Jim decided to write her again.（×）

Not having received Mary's letter, Jim decided to write her again.（√）

[分析]分词的否定是在分词前面加 not。

Exercises: Translate the following sentences into English.

1.我们正在忙着为考试做准备。

2.他工作到深夜，为领导准备发言稿。

3.做完作业后，他就去睡觉了。

4.看完了电影，他就回家了。

5.因为不知道你的地址，所以我一直没有给你写信。

Keys:

1.We are busy preparing for the exam.

2.He worked into late night, preparing the speech for his leader.

3.Having finished his homework, he went to bed.

4.Having seen the film, he went home.

5.Not knowing your address, I didn't write to you.

例⑮

The teacher didn't agree with our request.（×）

The teacher didn't agree to our request.（√）

［分析］"agree with"意为"和……一致"；"agree to"意为"答应，批准"。

Exercises: Translate the following sentences into Chinese.

1.I agree with you.

2.I agree with his opinion.

3.What he does doesn't agree with what he says.

4.The verb must agree with its subject in number and person.

5.The humid climate doesn't agree with me.

6.The food doesn't agree with me.

7.I asked for a pay rise and the boss agreed to my request.

8.I suggested going to see the film.The teacher agreed to my suggestion.

Keys:

1.我同意你的看法。

2.我同意他的意见。

3.他说的和他做的不一致。

4.动词必须和它的主语在数和人称上一致。

5.这潮湿的气候不适合我。

6.这食物不合我的胃口。

7.我要求加薪，老板答应了我的要求。

8.我建议去看电影，老师同意了我的建议。

例⑯

1.I wish that you write my as soon as possible.（×）

　I hope that you write my as soon as possible.（√）

［分析］wish后的宾语从句中要用虚拟语气，译作"但愿"或"要是

……多好哇"。

2.The more practice you will have, the more progress you will make. (×)

The more practice you have, the more progress you will make. (√)

［分析］在"the more...the more..."句型中，前半部分实际上是一个条件状语从句，此句中"The more practice you have"相当于"If you have more practice"，条件状语从句中不用将来时。

3.If you work hard, and you will succeed. (×)

If you work hard, you will succeed. (√)

［分析］在条件状语句子中，if和and不能连用。

4.Because I was ill, so I didn't come to school. (×)

Because I was ill, I didn't come to school. (√)

［分析］在一个句子中，不能同时使用"because"和"so"来表示因果关系，因为它们各自已经包含了因果关系的完整表达。

5.Although he was ill, but he kept on working. (×)

Although he was ill, he kept on working. (√)

［分析］although与but不能连用，因为两者语法功能冲突且逻辑含义重复。

Exercises: Translate the following sentences into English.

1.我要是有个富爸爸多好哇！

2.昨天我要是去看那场电影多好哇！

3.你写得越认真，出错就越少。

Keys:

1.I wish I had a rich father!

2.I wish I had gone to see the film yesterday evening!

3.The more carefully you write, the fewer mistakes you make.

例⑰

1.I am going to the post office, do you have a letter to post? (×)

I am going to the post office, do you have a letter to be posted?（√）

［分析］不定式动词和谓语动词主语一致时则用主动，否则用被动。如"I have something to say."中，say 和 have 的主语都是I。

2.Mr Smith from Australia will have a talk on how to learn English.（×）

Mr Smith from Australia will give us a talk on how to learn English.（√）

［分析］give a talk 做报告；have a talk 听报告。

3.I had seen the film twice when I was in Tokyo.（×）

I saw the film twice when I was in Tokyo.（√）

［分析］see 和 be 是同时发生的动作，不分先后，所以不能用过去完成时。

Exercises: Translate the following sentences into English.

1.今晚我有封信要写。

2.我要去商店，你有东西要我买吗？

3.在回中国前我在日本看过这部电影三次。

Keys:

1.I have a letter to write this evening.

2.I am going to the shop. Do you have anything to be bought?

3.I had seen the film in Tokyo before I returned to China.

例⑱

1.Great changes took place in the past few years.（×）

Great changes have taken place in the past few years.（√）

［分析］"the past few years" 表示从过去某时持续至今的动作或状态，所以用现在完成时。

2.He went out, leaving the door opened.（×）

He went out, leaving the door open.（√）

［分析］"The door was open." 指门开着，表示状态；"The door was opened." 门被打开了，表示短暂的动作。leave的意思是"使……处于……

的状态"。

3.They set off in search of their missed son. (×)

They set off in search of their missing son. (√)

[分析] missing是形容词,相当于lost。

4.我发现我把书忘在家里了。

I found that I had forgotten my book at home. (×)

I found that I had left my book at home. (√)

[分析] forget 不和地点状语连用。

Exercises: Translate the following sentences into English.

1.他过去干过很多坏事。但是这几年他做了很多好事。

2.让灯亮着吧,我一会儿就回来。

3.我的钢笔丢了。

Keys:

1.He did many bad things in the past. But in the past few years, he has done many good things.

2.Leave the light burning. I'll be back in a moment.

3.My pen is missing / lost.

例⑲

1.The people in there were all friendly to me. (×)

The people there were all friendly to me. (√)

[分析] 地点副词可以作名词的后置定语。

2.The driver got off to see which road to go. (×)

The driver got off to see which way to go. (√)

[分析] way是go的状语,可以说"go this / that way",即"朝这个 / 那个方向走",但不可以说"go this road"。

3.Our school is changing more and more beautiful. (×)

Our school is becoming more and more beautiful. (√)

［分析］become是系动词，意思是"变得"，后接形容词作表语。

4.I knew from the newspaper that you need a secretary. （×）

　I learnt from the newspaper that you need a secretary. （√）

［分析］know指状态；learn指从不知到知的变化。

5.Many great changes have been taken place in my hometown. （×）

　Many great changes have taken place in my hometown. （√）

［分析］take place和happen都不可以接宾语，所以都不能用被动语态。

Exercises: Translate the following sentences into English.

1.运动会将于明天举行。

2.我们的祖国将变得越来越富强。

3.昨天小明出了车祸。

Keys:

1.The sports meet will take place / be held tomorrow.

2.Our homeland will become stronger and richer.

3.A traffic accident happened to Xiao Ming yesterday.

例⑳

1.昨天他出了个车祸。

He happened a traffic accident yesterday. （×）

Yesterday a traffic accident was happened to Tom. （×）

Yesterday a traffic accident happened to Tom. （√）

［分析］happen是不及物动词，不能用于被动语态。

2.It was foolish for me to do such a silly thing. （×）

　It was foolish of me to do such a silly thing. （√）

［分析］该句相当于"I am foolish to do such a thing."，其中"it"不是形式主语。be后面的形容词一般是表示人的品质的词，如；clever、foolish、cruel、kind等词。

3.He doesn't smoke and drink. （×）

He doesn't smoke or drink. (√)

[分析] not...or... 表示"两者全部否定"。

4.He left Dongying to Beijing yesterday. (×)

He left Dongying for Beijing yesterday. (√)

5.He lives lonely. (×)

He lives alone. (√)

[分析] lonely 是形容词；alone 是副词。

6.They shook hands friendly. (×)

They shook hands in a friendly way. (√)

[分析] friendly 是形容词。

Exercises: Choose the right answer to fill in the blanks.

1.It is necessary _____ us to learn one or two foreign languages.

A.for   B.of

2.It was clever _____ the monkey to fool the tiger.

A.for   B.of

3.He cleaned the big house all _____.

A.alone   B.lonely

4.He was walking in a _____ street.

A.alone   B.lonely

Keys:

1.A   2.B   3.A   4.B

例㉑

1.There were many persons in the bus. (×)

There were many people in the bus. (√)

[分析] person 一般只用单数形式。

2.He promised to me that he would come to my birthday party. (×)

He promised me that he would come to my birthday party. (√)

［分析］"promise sb."为"向某人许诺"的意思，promise可以接双宾语。

3.His theory was finally proved to be right. （×）

His theory finally proved to be right. （√）

［分析］prove此处作系动词，这时不用被动。

4.Mary married to Tom. （×）

Marry married with Tom. （×）

Mary married Tom. （√）

Mary got married to Tom. （√）

［分析］英语中的"嫁给""娶"都是marry，作及物动词。

5.Please give me a pen to write. （×）

Please give me a pen to write with. （√）

［分析］不定式作名词的定语时，被修饰的名词在逻辑上是不定式的宾语，如"I have something to tell you. I have a letter to write. We need a large room to live in."。

Exercises: Choose the right answer to fill in the blanks.

1.Bob has _____ for many years and is a mother of three now.

A.married　　B.got married　　C. been married

2.I'll let you in if you promise _____ the rules.

A.me to obey　　B.to me to obey

3.Will you give me some paper to _____.

A.write　　B.write on

4.My teacher told us to write a composition. But I don't know what to _____.

A.write　　B.write about

Keys:

1.C　2.A　3.B　4.B

例㉒

1.Out of the classroom did the students rush. （×）

Out of the classroom rushed the students. （√）

［分析］地点状语开头的倒装句要用完全倒装句，形式为"状语＋谓语动词＋主语"。

2.Only when did he take off his glasses did I recognise him. （√）

Only when he took off his glasses did I recognise him. （×）

［分析］当"only when"位于句首时，主语需部分倒装，即将助动词、情态动词或 be 动词提前至主语之前。

3.Not until does the bus stop can you get off. （×）

Not until the bus stops can you get off. （√）

［分析］only 及否定词开头的句子都是主句倒装，从句不倒装。

4.Only I do know this. （√）

Only I know this. （×）

［分析］only 后面强调的是主语时，不用倒装句。

Exercises: Turn the following sentences into invited ones.

1.I didn't leave until he came back.

2.I realized my mistake only when he told me.

3.We had hardly started when it began to rain.

4.We had started no sooner than it began to rain.

5.He didn't say a word.

6.The rain poured down.

Keys:

1.Not until he came back did I leave.

2.Only when he told me did I realize my mistake.

3.Hardly had we started when it began to rain.

4.No sooner had we started than it began to rain.

5.Not a word did he say.

6.Down poured the rain.

例㉓

1.To our surprised, the little boy worked out the difficult problem so soon. （×）

To our surprise, the little boy worked out the difficult problem so soon. （√）

［分析］ surprised 是形容词。而在介词、物主代词后面需要的是名词，所以用 surprise。

2.His grandfather has died. （×）

His grandfather is dead. （√）

［分析］dead 为形容词，表示"死去的"状态；is 是系动词，连接主语和表语。

3.I have been tired. （×）

I am tired. （√）

［分析］汉语中的"了"和"已经"不一定要翻译成完成时，可用"be+形容词"表示状态。

4.The rain can't stop me to go to school. （×）

The rain can't stop me from going to school. （√）

［分析］"stop sb. from doing sth." 的意思是"阻止某人做某事"。

5.He was five minutes later for class. （×）

He was five minutes late for class. （√）

［分析］"be late for"表示"迟到"，"late"不用比较级形式。

6.I was so angry that I didn't speak. （×）

I was so angry that I couldn't speak. （√）

I was too angry not to speak. （×）

I was too angry to speak. （√）

［分析］"so...that"结构强调的是结果达到了某种程度，进而引发后续影响；"too...to"结构通常表示前面的原因导致后面的否定。

Exercises: Translate the following sentences into English.

1.我已经结婚了。

2.这活干完了。

3.春天来了。

4.火车走了。

5.让我气愤的是，他还没开始干活。

Keys:

1.I am married.

2.The work is done / finished.

3.Spring is come.

4.The train is gone.

5.To my anger, he hadn't started working.

例㉔

1.They tried to advise me to give up smoking. （×）

They tried to persuade me to give up smoking. （√）

They advised me to give up smoking. （√）

［分析］try 的目的是"说服"，而不是"劝说"。

2.Many young men go to town to look for jobs. （×）

Many young men go to town to find jobs. （√）

［分析］"find" 侧重结果而 "look for" 侧重过程。

3.The manager didn't angry with me. （×）

The manager wasn't angry with me. （√）

［分析］"be angry with" 表示"对某人感到愤怒"。

4.My book is missed. （×）

My book is missing. （√）

My book is lost. （√）

［分析］"is missed" 表示"错过"而不是"丢失"。

5.He spent a lot of time to read books. （×）

He spent a lot of time reading books. （√）

［分析］"spend time doing sth." 的意思是"花时间做某事"，强调将时

间投入特定活动。

6.I am like sports.（×）

　I like sports.（√）

［分析］like 作动词的意思是"喜欢"；like 作介词的意思是"像"。

7.I am looking forward to hear from you soon.（×）

　I am looking forward to hearing from you soon.（√）

［分析］"look forward to"中的"to"是一个介词，后面应该接名词或动名词（doing 的形式），而不是不定式（to do）。

Exercises: Translate the following sentences into English.

1.他像他的爸爸。

2.他喜欢他的爸爸。

3.请不要生气。

Keys:

1.He is like his father.

2.He likes his father.

3.Please don't be angry.

附录2 浙江省2018年11月高考英语试卷 "概要写作" 试题

概要写作（满分25分）

阅读下面短文，根据其内容写一篇60词左右的内容概要。

It's a really good idea to visit colleges before you apply because their websites can all start to look and sound the same. Nothing will give you the sense of what it will actually be like to live on a college campus (校园) like visiting and seeing for yourself the dorms, classrooms and athletic equipment and, of course, the students. It seems a little crazy once senior year hits to find the time to visit college campuses, and it can also be pricey if the schools you are applying to happen to be more than a car ride away. But keep in mind that you are making a decision about the next four years of your life, and do all the research you can to make sure you are making the right one.

There's no excuse not to visit the schools in your local area. In fact, a lot of college applications even ask if you have visited campus, and obviously, if you live across the country that won't be as much of a possibility, but if you live nearby, go check it out!

If campus visits aren't going to happen before you apply, at the very least you should find some time between applying and getting your acceptance letters to visit the schools you'd like to attend. It can save you a lot of heartache if you rule out *now the things that you don't like about certain campuses, things that you wouldn't know unless you actually visit.*

Now, if time and money are making it impossible, then check out the online college fairs at CollegeWeekLive. It's a chance to chat online with admissions officers, students, and college counselors (顾问), and it won't cost you a penny! You can register for its online college fair at collegeweeklive.com. While visiting an online college fair can't take the place of an actual campus visit, it can be a very useful tool that along with all your other research will help you make an informed decision about which colleges or universities you'd like to attend.

参考文献

Alderson J C. Diagnosing Foreign Language Proficiency: The Interface between Learning and Assessment [M]. New York: Continuum, 2005.

Alderson J C, Huhta A. Can research into the diagnostic testing of reading in a second or foreign language contribute to SLA research? [A]. In L. Roberts, G. Pallotti, and C. Bettoni (eds.): EUROSLA Yearbook 11 [C]. Amsterdam: John Benjamins, 2011, 30-52.

Alderson, J C, Brunfaut T, Harding L. Towards a theory of diagnosis in second and foreign language assessment: insights from professional practice across diverse fields [J]. Applied Linguistics, 2015, 36(2): 236-260.

Anderson, L W, Krathwohl D R (eds.). A Taxonomy for Learning, Teaching and Assessing: a Revision of Bloom's Taxonomy of Educational Objectives [M]. New York: Longman, 2001.

Atkinson D. Language learning in mindbody world: A sociocognitive approach to second language acquisition [J]. Language Teaching, 2014(47): 467-483.

Cook V. Second Language Learning and Language Teaching [M]. London: Hodder Education, 2008.

Collies J L, Lee J, Fox J D, et al. Bringing Together Reading and Writing: An Experimental Study of Writing Intensive Reading Comprehension in Low-

Performing Urban Elementary Schools [J].Reading Research Quarterly, 2017, 52(3): 311–332.

Doubet K J, Southall G. Integrating Reading and Writing Instruction in Middle and High School: The Role of Professional Development in Shaping Teacher Perceptions and Practices [J]. Literacy Research and Instruction, 2018, 57 (1): 59–79.

Harding L, Alderson J C, et al. Diagnostic assessment of reading and listening in a second or foreign language: Elaborating on diagnostic principles [J]. Language Testing, 2015, 32(3): 317–336.

Lee Y W. Diagnosing diagnostic language assessment [M]. Language Testing, 2015, 32(3): 461–467.

Leighton J, Gierl M (eds.). Cognitive Diagnostic Assessment for Education: Theory and Applications [C]. Cambridge: Cambridge University Press, 2007.

Pickering M, Garrod S. Toward a mechanistic psychology of dialogue[J]. Behavioral and Brain Sciences, 2004(27): 169–226.

Rassaei E. Effects of three forms of reading–based output activity on L2 vocabulary learning [J]. Language Teaching Research, 2017, 21(1): 76–95.

Tomasello M. Construcing a Language: A Usage–based Theory of Language Acquisition[M]. Cambridge: Harvard University Press, 2003.

Trofimovich P, Kennedy S. Interactive alignment between bilingual interlocutors: Evidence from two information–exchange task [J]. Bilingualism: Language and Cognition, 2014, 17(4): 822–836.

Wang C, Wang M. Effect of alignment on L2 written production[J]. Applied Linguistics, 2015(36): 503–526.

Zhang X. Reading–writing integrated tasks, comprehensive corrective feedback, and EFL writing development[J]. Language Teaching Research, 2017, 21(2):217–240.

安德森等.布卢姆教育目标分类学:分类学视野下的学与教及其测评:

完整版[M].蒋小平,等译.修订本.北京:外语教学与研究出版社,2009.

陈琳.颂"学生发展核心素养体系"[J].英语学习,2016(1):5-6,4.

陈力.《义务教育英语课程标准(2011年版)》的新发展[J].中小学管理,2012(4):16-19.

程晓堂,陈萍萍.基于大数据的英语阅读能力培养及测评体系构想[J].外语电化教育,2019(2):40-44,60.

程晓堂.在英语教学中发展学生的思维品质[J].中小学外语教学(中学篇),2018(3):1-7.

杜金榜.外语教学中的诊断性测试[J].外语教学与研究,1999(4):40-43.

杜文博,马晓梅.基于认知诊断评估的英语阅读诊断模型构建[J].外语教学与研究,2018(1):74-88,160-161.

葛炳芳.主题、话题和主题意义的区别及其对基础外语教学的启示[J].英语学习,2022(10):4-9.

蒋京丽.发挥育人价值培养"三有"新人——谈《义务教育英语课程标准(2022年版)》课程内容对初中英语教学的价值[J].教学月刊·中学版(外语教学),2022(5):20-25,42.

姜琳,陈锦.读后续写对英语写作语言准确性、复杂性和流利性发展的影响[J].现代外语,2015(3):366-375,438.

姜琳,涂孟玮.读后续写对二语词汇学习的作用研究[J].现代外语,2016(6):819-829,874.

林崇德.培养思维品质是发展智能的突破口[J].国家教育行政学院学报,2005(9):21-26,32.

刘道义.启智性英语教学之研究[J].课程·教材·教法,2015(1):80-90.

刘飞,黄伟.新课程理念下语文课堂教学体系重建——基于《义务教育语文课程标准(2022年版)》的分析[J].天津师范大学学报(基础教育版),2022(4):1-6.

雷佳林.试论主题意义在语篇中的作用[J].外语研究,1996(3):10-15.

李留建,姚卫盛.例析英语学习活动观在英语教学设计中的应用[J].中小学外语教学(中学篇),2018(11):49-53.

梅德明.正确认识和理解英语课程性质和理念——基于《义务教育英语课程标准(2022年版)》的阐述[J].教师教育学报,2022(3):104-111.

梅德明,王蔷.新时代义务教育英语课程新发展——义务教育英语课程标准(2022年版)解读[J].基础教育课程,2022(10):19-25.

马丽娟.聚焦思维品质的高中英语阅读教学[M].长春:吉林人民出版社,2020:26-27.

庞维国.论学生的自主学习[J].华东师范大学学报(教育科学版),2001(2):78-83.

皮亚杰.教育科学与儿童心理学[M].傅先统,译.北京:文化教育出版社,1981.

谭达文.高中英语三维语法教学的原则及实例评析[J].中小学外语教学(中学篇),2017(8):34-40.

吴丽萍,张月铭.课内课外相结合的靶向阅读效率研究[J].文化创新比较研究,2020(34):92-94.

王初明.内容要创造 语言要模仿——有效外语教学和学习的基本思路[J].外语界,2014(2):42-48.

王初明."学伴用随"教学模式的核心理念[J].华文教学与研究,2016(1):56-63.

王初明.以"续"促学[J].现代外语,2016(6):784-793,873.

王初明.如何提高读后续写中的互动强度[J].外语界,2018(5):40-45.

王蔷.行动研究课程与具有创新精神的研究型外语教师的培养[J].国外外语教学,2001(1):1-7.

王蔷.从综合语言运用能力到英语学科核心素养——高中英语课程改革的新挑战[J].英语教师,2015(16):6-7.

王蔷.课程实施是落实核心素养培养目标的关键环节和重要保障[J].教学月刊·中学版(外语教学),2022(5):3-11,19.

文秋芳,刘润清.从英语议论文分析大学生抽象思维特点[J].外国语(上海外国语大学学报),2006(2):49-58.

文秋芳.英语学习者动机、观念与策略的变化规律与特点[J].中小学教学与研究,2001(2):10-12.

文秋芳.构建"产出导向法"理论体系[J].外语教学与研究,2015(4):547-558,640.

王禹丹,孙鑫."续"理论研究发展述评[J].英语教师,2017(9):40-43,62.

武尊民,杨亚军,任真.学生学业成绩分析、反馈与指导系统:基于课程标准的中学生英语学习诊断性评价[J].外语教学理论与实践,2011(4):15-22.

魏玉平,俞小卫,魏之宁.例谈高中英语课外阅读之英美散文的导读视角[J].中小学外语教学(中学篇),2017(12):31-35.

徐芬,赵德成.档案袋评价在中小学教育中的应用[J].教育研究与实验,2001(4):50-54,73.

薛慧航.浅析"读后续写"中趣味性对协同的影响[D].广州:广东外语外贸大学,2013.

邢文骏.概要视角下高中英语读写教学存在的问题及其对策[J].教学与管理,2017(4):47-50.

约翰·杜威.我们怎样思维:经验与教育[M].姜文闵,译.北京:人民教育出版社,2001:88.

闫旭东.多元读写模式在高中英语教学中的应用研究[J].教学与管理,2019(18):104-106.

杨云,史惠中.基于主题意义探究的高中英语读写活动设计[J].教学与管理,2020(10):42-45.

邹国香,魏玉平.例析中学英语读写训练中的铺垫与生成[J].教学月刊·中学版(教学参考),2015(Z1):76-79.

张宏丽.新时代英语新课标的六大特征——《义务教育英语课程标准

（2022年版）》解读［J］.福建教育,2022(18):16-19.

张宏丽.课程育人视角下英语课程内容的选择与组织——《义务教育英语课程标准（2022年版）》课程内容部分解读［J］.教学月刊小学版（综合）,2022(5):8-13.

张萍.高中英语读仿写教学新探［J］.教学与管理,2019(28):63-65.

张文娟.基于"产出导向法"的大学英语课堂教学实践［J］.外语与外语教学,2016(2):106-114,147.

张秀芹,王迎丽.读后续说任务中语言水平对学习者输出及协同效果的影响［J］.解放军外国语学院学报,2020,43(1):9-16,159.

张秀芹,张倩.不同体裁读后续写对协同的影响差异研究［J］.外语界,2017(3):90-96.

中华人民共和国教育部.普通高中英语课程标准（2017年版2020年修订）［M］.北京:人民教育出版社,2020.

中华人民共和国教育部.普通高中英语课程标准:实验［M］.北京:人民教育出版社,2003.

后 记

回首来路　感慨万千

完稿之际，回首参与建构与实践高中英语靶向阅读教学校本课程的这段历程，心中满是感慨。最初萌生这个想法，是缘于在日常高中英语教学中，目睹了学生在阅读方面面临的诸多困境，传统阅读教学似乎难以满足不同层次学生的需求，学生阅读能力参差不齐的状况愈发凸显。怀揣着想要改变这一现状、助力学生高效提升英语阅读素养的初心，我们开启了这一校本课程的探索之旅。

高中英语靶向阅读教学校本课程的建构之旅，是一段不断查阅资料、反复研讨打磨的探索历程。我们深入研究国内外先进的英语阅读教学理论，借鉴诸多优秀的教学案例，试图从中汲取灵感，为我们的高中英语靶向阅读教学校本课程寻得坚实的理论支撑和可行的实践路径。每一次的课题项目组会议，都是思维碰撞的盛宴，教师们各抒己见，从课程目标的精准定位，到教学内容的细致筛选，再到教学方法的恰当选择，无不经过激烈的讨论与审慎的考量。

实践之路　收获成长

真正将这一校本课程投入实践，更是充满挑战与惊喜。课堂上，学生们从起初面对阅读文本的迷茫，到后来能够自信地运用所学的靶向阅读技巧去解读、去分析，因找到了契合自身阅读问题靶点的靶向阅读策略而逐渐燃起对英语阅读的热情，这份成长与进步令人欣慰。如今，基础薄弱的学生，也能较为顺畅地理解阅读文本的大意、答对题目；中等水平的学生可以条理清晰地剖析文章结构、归纳主旨，阅读能力有了质的飞跃；能力较强的学生更是在批判性阅读、深度解读文本内涵方面展现出令人惊喜的能力。这些点滴变化，不仅是学生努力的结果，更是对靶向阅读教学校本课程有效性和实用性的强力印证。

当然，实践过程并非一帆风顺。靶向阅读教学时如何兼顾不同层次学生的心理感受，避免因层次差异引发的负面情绪，是我们时刻关注并用心解决的问题；靶向阅读教学资源的更新与拓展也一度让我们绞尽脑汁，力求为学生提供更多与时俱进、趣味与深度兼具的阅读素材。然而，也正是这些问题，促使我们不断反思、改进，让靶向阅读教学校本课程在实践中愈发完善。

感恩有你 携手前行

在这里，衷心感谢参与这一校本课程构建的每一位伙伴。感谢安徽省教育科学研究院领导、芜湖市教育局领导、芜湖市教育科学研究所领导、安徽师范大学外国语学院和教育科学学院领导、安徽师范大学出版社领导和编辑、安徽师范大学附属中学领导以及芜湖市域8所普通高中实验校领导们的大力支持，是你们的高瞻远瞩和对教学改革的积极推动，为我们创造了良好的实践环境，让这一校本课程有了生根发芽的土壤。

由衷感谢参与安徽省教育科学研究项目、芜湖市教育高层次人才项目和芜湖市教研基地校项目的老师们以及安徽师范大学附属中学英语教研组的教师们。大家齐心协力，分享教学经验、贡献教学智慧，共同备课、听课、评课，在每一个教学环节都倾注心血，才使得这一校本课程得以顺利实施，在课堂上绽放光彩。

真诚感谢积极参与高中英语靶向阅读教学校本课程学习的学生，他们专注的学习态度、宝贵的课程反馈以及显著的进步表现，不仅是激励我们不断前行的动力源泉，更为校本课程的优化提供了明确的方向指引。

值此付梓之际，诚挚感谢在书稿撰写过程中给予鼓励与帮助的家人和亲朋好友。

展望未来　满怀期许

高中英语靶向阅读教学校本课程的建构与实践已然取得了一定的成果，但我们深知，教育教学的探索永无止境。未来，我们期待这一高中英语靶向阅读教学校本课程能够在更多的班级、更多的学校落地开花，为更多学生的英语阅读学习提供助力。我们也将继续秉持教育初心，不断完善校本课程内容，优化教学方法，紧跟时代步伐，让高中英语靶向阅读教学成为学生打开英语阅读世界大门的一把"金钥匙"，帮助他们在英语学习的道路上越走越顺，畅游更加广阔的知识天地。